KB160941

촛불시민혁명과 문재인 정부

촛불시민혁명과 문재인 정부

국정과제협의회 정책기획시리즈 **02**

조대엽
정상호
윤태범

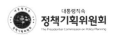

대통령직속
정책기획위원회
The Presidential Commission on Policy Planning

차 례

표 차례

그림 차례

국정과제협의회 정책기획시리즈
발간에 붙여

대통령직속 정책기획위원회
위원장 조대엽

1. 문재인 정부 5년, 정책기획위원회 5년을 돌아보며

문재인 정부가 출범한 지 5년차가 되었습니다. 돌이켜보면 전국의 거리를 밝힌 거대한 촛불의 물결과 전임 대통령의 탄핵, 새 정부 출범에 이르는 과정은 '촛불혁명'이라고 할 만했습니다. 2016년 촛불혁명은 법과 제도의 틀에서 전개된 특별한 혁명이었습니다. 1,700만 명의 군중이 모여 촛불의 바다를 이루었지만 법의 선을 넘지 않았습니다. 전임 대통령의 탄핵과 새 대통령의 선출이 법과 정치적 절차의 훼손 없이 제도적으로 진행되었습니다. '제도혁명'이라고도 부를 수 있는 참으로 특별한 정치 과정이 아닐 수 없습니다. 세계적으로 대의 민주주의의 위기와 한계가 뚜렷한 가운데 2017년 문재인 정부의 출범 과정은 현대 민주주의의 범위와 내용을 제도적으로 확장한 정치사적 성과라고도 할 수 있습니다.

현대 민주주의의 괄목할 만한 진화를 이끌고 제도혁명으로 집권한 문재인 정부가 5년차를 맞았습니다. 선거 후 바로 대통령 취임과 함께 국정기획자문위원회가 출발해 100대 국정과제를 선별하면서 문재인 정부의 정치 일정이 시작되었습니다. 집권 5년차를 맞으며 인수위도 없이 출발한 집권 초기의 긴박한 과정을 떠올리면 문재인 정부는 임기 마지막까지 국정의 긴장을 늦출 수 없는 운명을 지녔습니다. 어쩌면 문재인 정부는 '제도혁명정부'라는 특별한 성격을 갖는다는 점에서 거의 모든 정부가 예외 없이 겪었던 임기 후반의 '레임덕'이라는 표현은 정치적 사치일 수 있습니다. 문재인 정부의 남은 시간 동안 지난 5년의 국정 성과에 이어 마지막까지 성과를 만들어냄으로써 국정의 긴장과 동력을 잃지 않는 일이 무엇보다 중요한 시점입니다. 그것이 문재인 정부의 역사적 소명이기도 합니다.

정책기획위원회는 지난 5년간 대통령 직속기구로서 폭넓은 국정자문 활동을 했습니다. 정책기획위원회의 주된 일은 국정과제 전반을 점검하고 대통령에게 필요한 내용들을 보고하는 일입니다. 지난 5년 정책기획위원회의 역할을 구분하면 정책 콘텐츠 관리와 정책 네트워크 관리, 정책소통 관리라는 세 가지로 요약할 수 있습니다.

먼저, 정책 콘텐츠 관리는 국가 중장기 발전전략 및 정책 방향 수립과 함께 100대 국정과제의 추진과 조정, 국정과제 관련 보고회의 지원, 국정분야별 정책 및 현안과제 연구, 대통령이 요구하는 국가 주요 정책 연구 등을 포괄합니다. 둘째로 정책 네트워크 관리는 청와대, 총리실, 정부부처, 정부출연 연구기관, 정당 등과의 협업 및 교류가 중요하며, 학계, 전문가 집단, 시민단체 등과의 네트워크 확장을 포함합니다. 특히 정책기획위원회는 대통령 소속 위원회를 통괄하는 기능을 갖기도 합니다.

대통령 소속의 9개 주요 위원회로 구성된 '국정과제협의회'의 의장

위원회로서 대통령 위원회의 소통과 협업의 구심 역할을 했습니다. 셋째로 정책소통 관리는 정부부처 간의 소통과 협력을 매개하는 역할이나 정책 쟁점이나 정책 성과에 대해 국민들이 공감할 수 있도록 정책 담론을 생산하고 확산하는 일을 포괄합니다. 연구용역이나 주요 정책 TF 운용의 결과를 다양한 형태의 간담회, 학술회의, 토론회, 언론 기고, 자체 온라인 방송 채널을 통해 공유하기도 했습니다.

정책기획위원회의 1기는 정부 출범 시 '국정기획자문위원회'가 만든 100대 국정과제의 관리와 '미래비전 2045'를 만드는 데 중점이 두어졌습니다. 말하자면 정책 콘텐츠 관리에 중점을 둔 셈입니다. 정책기획위원회의 2기는 위기적 정책 환경에 대응하는 정책 콘텐츠 생산과 집권 후반부의 성과관리라는 측면에서 과제가 큰 폭으로 늘었습니다. 주지하듯 문재인 정부의 후반부는 세계사적이고 문명사적인 아주 특별한 시대적 위기를 맞고 있습니다. 코로나19 팬데믹이라는 문명사적 위기는 정책기획위원회 2기의 정책 환경을 완전히 바꾸었습니다. 정책기획위원회는 코로나19 발생 이후 포스트 코로나시대에 새롭게 부가되는 국정과제를 100대 과제와 조정 보완하는 작업, 감염병 대응과 보건의료체제 혁신을 위한 종합 대책의 마련, 코로나19 이후 거대 전환의 사회변동에 대한 전망, 한국판 뉴딜의 보완과 국정자문단의 운영 등을 새로운 과제로 진행했습니다.

정책기획위원회의 2기는 코로나19 팬데믹으로 인한 방역위기와 경제위기를 뚫고 나아가는 국가 혁신전략들을 지원하는 일과 함께, 무엇보다도 문재인 정부의 국정성과를 정리하고 〈국정백서〉를 집필하는 일이 남아 있습니다. 우리 위원회는 성과관리를 단순히 정부의 치적을 정리하는 수준이 아니라 국정성과를 국민의 성과로 간주하고 국민과 공유해야 한다는 차원에서 정책 소통의 한 축으로 간주하고 있습니다.

우리 위원회는 문재인 정부가 촛불혁명의 정부로서 그리고 제도혁명의 정부로서 지향했던 비전의 진화 경로를 종합적 조감도로 그렸고 이 비전 진화의 경로를 따라 축적된 지난 5년의 성과를 포괄적으로 정리하기도 했습니다. 다양한 정책성과 관련 담론들을 세부적으로 만드는 과정이 이어지는 가운데, 우리 위원회는 그간의 위원회 활동 결과로 생산된 다양한 정책담론들을 단행본으로 만들어 대중적으로 공유하면 좋겠다는 데에 뜻을 모았습니다. 이러한 취지는 정책기획위원회뿐 아니라 국정과제협의회 소속의 다른 대통령 위원회도 공유함으로써 단행본 발간에 동참하게 되었습니다. '국정과제협의회 정책기획시리즈'가 탄생했고 각 단행본의 주제와 필진 선정, 그리고 출판은 각 위원회가 주관해서 진행하는 것으로 했습니다.

정책기획위원회가 출간하는 이번 단행본들은 정부의 중점 정책이나 대표 정책을 다루는 것이 아닙니다. 또 단행본의 주제들은 특별한 기준에 따라 선별된 것도 아닙니다. 이번에 출간하는 단행본 시리즈의 내용들은 정부 정책이나 법안에 반영된 것도 있고 그렇지 않은 것도 포함되어 있습니다. 따라서 이 책의 내용들은 정부나 정책기획위원회의 공식 입장이라고 할 수 없습니다. 정책기획위원회에서 지난 5년간 다양한 방식으로 논의된 정책담론들 가운데 비교적 단행본으로 엮어내기에 수월한 것들을 모아 필진들이 수정하는 수고를 더한 것입니다. 문재인 정부의 정책기획위원회에 모인 백여 명의 정책기획위원들이 다양한 분야에서 국가의 미래를 고민했던 흔적을 담아보자는 취지라 할 수 있습니다.

2. 문재인 정부 5년의 국정비전과 국정성과에 대하여

문재인 정부는 촛불시민의 염원을 담아 '나라다운 나라, 새로운 대한민국'을 약속하며 출발했습니다. 지난 5년은 우리 정부가 국민과 약속한 나라를 만들기 위해 진지하고도 일관된 노력을 기울인 시간이었습니다. 지난 5년, 국민의 눈높이에 미흡하고 부족한 부분이 있었습니다. 그러나 예상하지 못한 거대한 위기가 거듭되는 가운데서도 정부는 국민과 함께 다양한 국정성과를 만들었습니다.

어떤 정부든 공과 과가 있기 마련입니다. 한 정부의 공은 공대로 평가되어야 하고 과는 과대로 평가되어야 합니다. 아무리 미흡한 부분이 있더라도 한 정부의 국정성과는 국민이 함께 만든 것이기 때문에 국민적으로 공유되어야 하고, 국민적 자부심으로 축적되어야 합니다. 국정의 성과가 국민적 자부심과 자신감으로 축적되어야 새로운 미래가 있습니다.

정부가 국정 성과에 대해 오만하거나 공치사를 하는 것은 경계해야할 일이지만 적어도 우리가 한 일에 대한 자신감과 자부심 없이는 대한민국의 미래 또한 밝을 수 없습니다. 정책기획위원회는 이 같은 취지로 2021년 4월, 『문재인 정부 국정비전의 진화와 국정성과』라는 제목의 보고서를 만들었고, 이 보고서를 바탕으로 5월에는 문재인 정부 4주년을 기념하는 컨퍼런스도 개최했습니다.

문재인 정부는 2017년 출범 후 '국민의 나라, 정의로운 대한민국'을 국가비전으로 제시하고 5대 국정목표, 20대 국정전략, 100대 국정과제를 제시했습니다. '국민의 나라, 정의로운 대한민국'이라는 국정의 총괄 비전은 "대한민국의 모든 권력은 국민으로부터 나온다"라고 하는 헌법 제1조의 정신입니다. 여기에 '공정'과 '정의'에 대한 문재인 대통령의 통치 철학을 담았습니다. 정의로운 질서는 사회적 기회의 윤리인 '공정', 사회적 결과의 윤리인 '책임', 사회적 통합의 윤리인 '협력'이라는 실천윤리가 어울려 완성됩니다. 문재인 정부 5년은 공정국가, 책임국가, 협력국가를 향한 일관된 여정이었습니다. 그리고 문재인 정부의 국정성과는 공정국가, 책임국가, 협력국가를 향한 일관된 정책의 효과였습니다.

돌이켜보면 문재인 정부 5년은 중첩된 위기의 시간이었습니다. 집권 초기 북핵위기에 이은 한일통상위기, 그리고 코로나19 팬데믹 위기라는 예측하지 못한 3대 위기에 문재인 정부는 놀라운 위기 대응 능력을 보였습니다. 2017년 북핵위기는 평창올림픽과 다자외교, 국방력 강화를 통한 한반도 평화 프로세스로 위기 극복의 성과를 만들었습니다. 2019년의 한일통상위기는 우리 정부와 기업이 소부장산업 글로벌 공급망을 재편하고 소부장산업 특별법 제정 등 모든 수단을 동원해 제조업의 경쟁력을 강화함으로써 위기를 극복했습니다. 일본과의 무역 마찰을 극복하는 이 과정에서 '아무도 흔들 수 없는 나라'를 만들겠다는 대통령의 약속이 있었고 마침내 우리는 일본과 경쟁할 만하다는 국민적 자신감을 갖게 되었습니다.

이제는 핵심 산업에서 한국 경제가 일본을 추월하게 되었지만 우리 국민이 갖게 된 일본에 대한 자신감이야말로 무엇보다 큰 국민적 성과가 아닐 수 없습니다.

2020년 이후의 코로나19 위기는 지구적 생명권의 위기이자 인류 삶의 근본을 뒤흔드는 문명사적 위기라 할 수 있습니다. 우리는 개방, 투명, 민주방역, 과학적이고 창의적 방역으로 전면적 봉쇄 없이 팬데믹을 억제한 유일한 나라가 되었습니다. K-방역의 성공은 K-경제의 성과로도 확인됩니다. K-경제의 주요 지표들은 우리 경제가 코로나19 이전으로 회복되었을 뿐 아니라 성공적 방역으로 우리 경제가 새롭게 도약하고 있다는 사실을 보여주고 있습니다.

문재인 정부 5년 간 겪었던 3대 거대 위기는 인류의 문명사에 대한 재러드 다이아몬드식 설명에 비유하면 '총·균·쇠'의 위기라 할 수 있습니다. 인류문명을 관통하는 총·균·쇠의 역사는 제국주의로 극대화된 정복과 침략의 문명사였습니다. 그러나 문재인 정부가 지난 5년 총·균·쇠에 대응한 방식은 평화와 협력, 상생의 패러다임으로 인류의 신문명을 선도하는 것이었습니다. 세계가 이 같은 총·균·쇠의 새로운 패러다임에 주목하고 있습니다. 문재인 정부가 총·균·쇠의 역사를 다시 쓰고 인류문명을 새롭게 이끌고 있다고 감히 말할 수 있습니다.

문재인 정부는 지난 5년, 3대 위기를 극복함으로써 '위기에 강한 정부'의 성과를 얻었습니다. 또 한국판 뉴딜과 탄소중립 선언, 4차 산업혁명과 혁신성장, 문화강국과 자치분권의 확장을 주도해 '미래를 여는 정부'의 성과를 만들었습니다. 돌봄과 무상교육, 건강공공성, 노동복지 등에서 '복지를 확장한 정부'의 성과도 주목할 만합니다. 국정원과 검찰·경찰 개혁, 공수처 출범 및 시장권력의 개혁과 같은 '권력을 개혁한 정부'의 성과에도 주목해야 합니다. 나아가 문재인 정부는 한반도 평화유지와 국방력 강화를 통해 '평화시대를 연 정부'의 성과도 거두고 있습니다.

위기대응, 미래대응, 복지확장, 권력개혁, 한반도 평화유지의 성과를 통해 강한 국가, 든든한 나라로 거듭나는 정부라는 점에 주목하면 우리는 '문재인 정부 국정성과로 보는 5대 강국론'을 강조할 수 있습니다. 이 같은 '5대 강국론'을 포함해 주요 입법성과를 중심으로 '대한민국을 바꾼 문재인 정부 100대 입법성과'를 담론화하고, 또 문재인 정부 들어 눈에 띄게 달라진 주요 국제지표를 중심으로 '세계가 주목하는 문재인 정부 20대 국제지표'도 담론화하고 있습니다.

2021년 4월 26일 국정성과를 보고하는 비공개 회의에서 문재인 대통령은 "모든 위기 극복의 성과에 국민과 기업의 참여와 협력이 있었다"는 말씀을 몇 차례 반복했습니다. 지난 5년, 국정의 성과는 오로지 국민이 만든 국민의 성과입니다. 그래서 문재인 정부 5년의 성과는 오롯이 우리 국민의 자부심의 역사이자 자신감의 역사입니다. 문재인 정부 5년의 성과는 국민과 함께 한 일관되고 연속적인 국정비전의 진화를 통해 축적되었습니다. '국민의 나라, 정의로운 대한민국'이라는 국가비전이 구체화되고 세분화되어 진화하는 과정에서 '소득주도성장·혁신성장·공정경제'의 비전이 제시되었고, 이러한 경제운용 방향은 '혁신적 포용국가'라는 국정비전으로 포괄되었습니다.

3대 위기과정을 극복하는 과정에서 문재인 정부는 '아무도 흔들 수 없는 나라', '위기에 강한 나라'라는 비전을 진화시켰고, 코로나19 팬데믹 위기에서 '포용적 회복과 도약'의 비전이 모든 국정 방향을 포괄하는 비전으로 강조되었습니다. 코로나19 팬데믹으로 인한 방역위기와 경제위기를 극복하는 과정에서 대한민국은 새로운 세계표준이 되었습니다. 또 최근 탄소중립시대와 디지털 경제로의 대전환을 준비하는 한국판 뉴딜의 국가혁신 전략은 '세계선도 국가'의 비전으로 포괄되었습니다.

이 모든 국정비전의 진화와 성과에는 국민과 기업의 기대와 참여가 있었습니다. 그러나 우리는 문재인 정부의 임기가 그리 많이 남지 않은 시점에서 국민의 기대와 애초의 약속에 미치지 못한 많은 부분들은 남겨놓고 있습니다. 혁신적이고 종합적인 새로운 그림이 필요한 부분도 있고 강력한 실천과 합의가 필요한 부분도 있습니다. 무엇보다도 민주주의에 대한 새로운 기획이 필요합니다. 문재인 정부는 촛불혁명이라는 제도혁명을 통해 민주주의를 진화시킨 정치사적 성과를 얻었으나 정작 민주주의에 대한 새로운 전망을 제시하는 데는 미치지 못했습니다. 문재인 정부는 헌법 제1조의 민주주의를 실현하고자 했으나 문재인 정부 이후의 민주주의는 국민의 행복추구와 관련된 헌법 제10조의 민주주의로 진화해야 할지 모릅니다. 민주정부 4기로 이어지는 새로운 민주주의의 디자인이 필요합니다.

둘째는 공정과 평등을 구성하는 새로운 정책비전의 제시와 합의가 요구됩니다. 오늘날 대부분의 국가는 정의로운 공동체를 추구합니다. 정의로운 질서는 불평등과 불공정, 부패를 넘어 실현됩니다. 이 같은 질서에는 공정과 책임, 협력의 실천윤리가 요구되지만 우리 시대에 들어 이러한 실천윤리에 접근하는 방식은 세대와 집단별로 큰 차이를 보입니다.

신자유주의 시대에 성장한 청년세대는 능력주의와 시장경쟁력을 공정의 근본으로 인식하는 반면 기성세대는 달리 인식합니다. 공정과 평등에 대한 '공화적 합의'가 필요합니다. 소득과 자산의 분배, 성장과 복지의 운용, 일자리와 노동을 둘러싼 공정과 평등의 가치에 합의함으로써 '공화적 협력'에 관한 새로운 그림이 제시되어야 합니다.

셋째는 지역을 살리는 그랜드 비전이 새롭게 제시되어야 합니다. 공공기관 이전을 통한 중앙정부 주도의 혁신도시 정책을 넘어 지역 주도의 메가시티 디자인과 한국판 뉴딜의 지역균형 뉴딜, 혁신도시 시즌

2 정책이 보다 큰 그림으로 결합되어 지역을 살리는 새로운 그랜드 비전으로 제시될 필요가 있습니다.

넷째는 고등교육 혁신정책과 새로운 산업 전환에 요구되는 인력양성 프로그램이 결합된 교육혁신의 그랜드 플랜이 만들어져야 합니다.

다섯째는 커뮤니티 케어에 관한 혁신적이고 복합적인 정책 디자인이 준비되어야 합니다. 지역 기반의 교육시스템과 지역거점 공공병원, 여기에 결합된 지역 돌봄 시스템이 복합적이고 혁신적으로 기획되어야 합니다.

이 같은 과제들은 더 큰 합의와 더 많은 시간이 필요합니다. 그러나 이러한 쟁점들이 다음 정부의 과제나 미래과제로 막연히 미루어져서는 안 됩니다. 문재인 정부의 국정성과들이 국민의 기대와 참여로 가능했듯이 이러한 과제들은 기존의 국정성과에 이어 문재인 정부의 마지막까지 국민과 함께 제안하고 추진함으로써 정책동력을 놓치지 않는 것이 중요합니다.

코로나19 변이종이 기승을 부리면서 여전히 코로나19 팬데믹의 엄중한 위기가 진행되는 가운데 국민의 생명과 삶을 지켜야 하는 절체절명한 시간이 흐르고 있습니다. 문명 전환기의 미래를 빈틈없이 준비해야하는 절대시간이기도 합니다. 여기에 대응하는 문재인 정부의 남은 시간이 그리 길지 않습니다. 그러나 인수위도 없이 서둘러 출발한 정부라는 점과 코로나 상황의 엄중함을 생각하면 문재인 정부에게 남은 책임의 시간은 길고 짧음을 잴 여유가 없습니다.

이 절대시간 동안 코로나19보다 위태롭고 무서운 것은 가짜뉴스나 프레임 정치가 만드는 국론의 분열입니다. 세계가 주목하는 정부의 성과를 애써 외면하고 근거 없는 프레임을 공공연히 덧씌우는 일은 우리 공동체를 국민의 실패, 대한민국의 무능이라는 벼랑으로 몰아가는 것과 다르지 않습니다. 국민이 선택한 정부는 진보정부든 보수정부든 성공해야 합니다. 책임 있는 정부가 작동되는 데는 책임 있는 '정치'가 동반되어야 합니다.

정책기획위원회를 포함한 국정과제위원회들은 문재인 정부의 남은 기간 동안 국정성과를 국민과 공유하는 적극적 정책소통관리에 더 많은 의미를 두어야 합니다. 문재인 정부의 성과를 정확하게, 사실에 근거해서 평가하고 공유하는 데 더 많은 시간을 써야 합니다. 다른 무엇보다도 객관적이고 종합적인 국정성과에 기반을 둔 세 가지 국민소통 전략이 강조됩니다.

첫째는 정책 환경과 정책 대상의 상태를 살피고 문제를 찾아내는 '진단적 소통'입니다. 둘째는 국정성과에 대한 이해를 통해 민심과 정부 정책의 간극이나 긴장을 줄이고 조율하는 '설득적 소통'이 중요합니다. 셋째는 국민들이 삶의 현장에서 정책의 성과를 체감할 수 있게 하는 '체감적 소통'을 강조할 수 있습니다. 위기대응정부론, 미래대응정부론, 복지확장정부론, 권력개혁정부론, 평화유지정부론의 '5대 강국론'을 비롯한 다양한 국정성과 담론들이 이 같은 국민소통전략으로 공유될 수 있기를 바랍니다.

정책기획위원회의 눈으로 지난 5년을 돌이켜보면 문재인 정부의 시간은 '일하는 정부'의 시간, '일하는 대통령'의 시간이었습니다. 촛불혁명으로 집권한 제도혁명정부로서는 누적된 적폐의 청산과 산적한 과제의 해결이 국민의 명령이었기 때문에 옆도 뒤도 보지 않고 오로지 이 명령을 충실히 따라야 했습니다. 그 결과가 '일하는 정부', '일하는 대통령'의 시간으로 남게 된 셈입니다.

정부 광화문청사에 있는 정책기획위원회 위원장실에는 한 쌍의 액자가 걸려 있습니다. 위원장 취임과 함께 우리 서예계의 대가 시중(時中) 변영문(邊英文) 선생님께 부탁해 받은 것으로 "先天下之憂而憂, 後天下之樂而樂"(선천하지우이우, 후천하지락이락)이라는 글씨입니다. 북송의 명문장가였던 범중엄(范仲淹)이 쓴 '악양루기'(岳陽樓記)의 마지막 구절입니다. "천하의 근심은 백성들이 걱정하기 전에 먼저 걱정하고, 천하의 즐거움은 모든 백성들이 다 즐긴 후에 맨 마지막에 즐긴다"는 의미로 풀어볼 수 있습니다. 국민들보다 먼저 걱정하고 국민들보다 나중에 즐긴다는 말로 해석됩니다. 일하는 정부, 일하는 대통령의 시간과 닿아 있는 글귀입니다.

문재인 정부의 남은 시간이 길지 않지만, 일하는 정부의 시간으로 보면 짧지만도 않습니다. 결코 짧지 않은 문재인 정부의 시간을 마지막까지 일하는 시간으로 채우는 것이 제도혁명정부의 운명입니다. 촛불시민의 한 마음, 문재인 정부 출범 시의 절실했던 기억, 국민의 위대한 힘을 떠올리며 우리 모두 초심으로 돌아가야 합니다.

앞선 두 번의 정부가 국민적 상처를 남겼습니다. 진보와 보수를 떠나 국민이 선택한 정부가 세 번째 회한을 남기는 어리석은 역사를 거듭해서는 안 됩니다. 문재인 정부의 성공이 우리 당대, 우리 국민 모두의 시대적 과제입니다.

3. 한없는 고마움을 전하며

아무리 작은 일이라도 일이 마무리되고 결과를 얻는 데는 드러나지 않는 많은 분들의 기여와 관심이 있기 마련입니다. 정책기획위원회는 앞에서 밝힌 바와 같이 정책 콘텐츠 관리와 정책 네트워크 관리, 정책 소통 관리에 포괄되는 광범한 활동을 수행하고 있습니다. 사실 이 책과 같은 단행본 출간사업은 정책기획위원회의 관례적 활동과는 별개로 진행되는 여벌의 사업이라 할 수 있습니다. 이러한 부가적 사업이 가능한 것은 6개 분과 약 백여 명의 정책기획위원들이 위원회의 정규 사업들을 충실히 해낸 효과라 할 수 있습니다. 무엇보다도 정책기획위원회라는 큰 배를 위원장과 함께 운항해주신 두 분의 단장과 여섯 분의 분과위원장께 감사의 말씀을 드려야 합니다. 미래정책연구단장을 맡아 위원회에 따뜻한 애정을 쏟아주셨던 박태균 교수와 2021년 하반기부터 박태균 교수의 뒤를 이어 중책을 맡아주신 추장민 박사, 그리고 국정과제지원단장을 맡아 헌신적으로 일해주신 윤태범 교수께 각별한 마음을 전합니다. 김선혁 교수, 양종곤 교수, 문진영 교수, 곽채기 교수, 김경희 교수, 구갑우 교수, 그리고 지금은 자치분권위원회로 자리를 옮긴 소순창 교수께서는 6개 분과를 늘 든든하게 이끌어 주셨습니다. 한없는 고마움을 전합니다.

단행본 사업에 흔쾌히 함께 해주신 정책기획위원뿐 아니라 비록 단행본 집필에는 참여하지 않았지만 지난 5년 정책기획위원회에서 문재인 정부의 다양한 정책담론을 다루어주신 1기와 2기 정책기획위원 모든 분께 이 자리를 빌려 그간 가슴 한 곳에 묻어두었던 고마운 마음을 전합니다.

위원들의 활동을 결실로 만들고 그 결실을 빛나게 만든 것은 정부 부처의 파견 공무원과 공공기관의 파견 위원, 그리고 전문위원으로 구성된 위원회 직원들의 공이었습니다. 국정담론을 주제로 한 단행본들이 결실을 본 것 또한 직원들의 헌신 덕분입니다. 행정적 지원을 진두지휘한 김주이 기획운영국장, 김성현 국정과제국장, 백운광 국정연구국장, 박철웅 전략홍보실장께 각별한 감사를 드리며, 본래의 소속으로 복귀한 직원들을 포함해 정책기획위원회에서 함께 일한 직원들 한 분 한 분께도 감사의 마음을 전합니다.

한국판 뉴딜을 정책소통의 차원에서 국민적으로 공유하기 위해 정책기획위원회는 '한국판 뉴딜 국정자문단'을 만들었고, 지역자문단도 순차적으로 구성한 바 있습니다. 한국판 뉴딜 국정자문단의 자문위원으로 함께 해주신 모든 분들께도 이 자리를 빌려 감사드립니다.

촛불시민혁명과
문재인 정부의 출범

제1장 문재인 정부 출범의 시대적 배경

Ⅰ. 정치적 배경

문재인 정부는 촛불혁명의 열망이 만들었다. 촛불혁명은 무엇보다도 문재인 정부에 앞선 이명박, 박근혜 정부라는 두 번의 보수 정권을 통해 부활한 정치권력의 적폐에 직접적 원인이 있다. 일제를 거쳐 광복 후 이승만 정권의 독재와 한국전쟁, 전후복구의 과정, 군부 개발독재의 시대를 거치면서 국가권력은 부정부패로 물들었고 그것은 곧 권력의 폐해로 굳었다. 민주화 이후 역사바로세우기와 투명하고 개방적 정부에 대한 기대가 모여 정치권력과 시장권력은 개혁되는 듯했다. 그러나 적폐의 세월이 오래된 만큼 적폐의 청산 또한 긴 시간이 요구되었다. 개혁의 시간을 충분히 갖기 전에 등장한 두 번의 보수 정권은 정치권력의 적폐를 부활시켰다.

이명박, 박근혜 두 대통령은 국민이 용납하기 어려운 수준으로 사익을 추구하거나 국가권력을 사유화했다. 두 정부 모두 신자유주의의 세계화로 인한 심각한 양극화 양상에도 불구하고 이를 극복하기 위한 정책보다는 오히려 친기업, 반노동 정책을 강화하고 이에 편승해 사익을 추구하고 국가권력을 사유화했다. 그 결과 정치권력은 부패하고 사회경제적 격차와 불공정은 확대되었다. 이명박 정부의 2008년 촛불 저항과 박근혜 정부의 2016년 촛불 저항은 일관되게 국가와 사회의 공공성 회복을 주창했다. 2008년 촛불집회에 참가하였던 10대 청소년들의 핵심 주장은 '미친 소, 미친 교육(0교시 수업, 우열반편성, 야간 자율학습 부활)의 반대'였다. 또한, 당시의 촛불집회에서는 미국산 쇠고기 수입 반대뿐 아니라 언론개혁, 공기업 민영화 반대 등의 요구 사항이 제기되었다. 마찬가지로 2016년에도 대통령의 퇴진뿐 아니라 세월호, 국정교과서 폐기, 재벌 개혁 등의 주장이 등장했다. 이러한 주장의 바탕에는 두 번의 보수정권이 추구했던 사익의 정치와 반(反)공공적 정치행태에 대한 저항과 동시에 신자유주의가 초래한 심각한 양극화 현상에 제대로 대응하지 못했다는 성찰과 비판이 담겨 있었다.

이명박 정권의 사익 추구와 박근혜 정권의 국가권력 사유화는 모든 사회영역의 불공정과 부패를 확산시킬 뿐만 아니라 국민으로부터 위임받은 국가권력의 공적 가치와 공공성을 훼손했다는 데 국민적 공분을 불렀다. 시민들은 '이게 나라냐'라고 외쳤고 나라다운 나라에 대한 염원이 '모든 권력은' 대통령이 아니라 '국민으로부터 나온다'라는 헌법 제1조 정신을 소환했다. 무엇보다 두 번의 보수정권이 드러낸 무분별한 실정과 공정하고 정의로운 나라에 대한 국민적 열망이야말로 문재인 정부 출범의 정치적 배경이 되었다.

II. 사회경제적 배경

문재인 정부가 출범할 당시 우리 경제는 성장이 둔화되고 분배가 악화하는 '저성장·양극화'의 늪에 더 깊이 빠져들고 있었다. 소위 '아시아의 네 마리 용'으로 평가받던 1980~90년대는 연 10% 수준의 높은 성장률을 기록하였으나, 2011~15년은 성장률이 3%대 초반까지 하락하였다. 4차 산업혁명의 파고가 거세지는 가운데, 세계적인 '자국 우선주의' 흐름은 수출 중심의 한국경제에 도전적 과제로 대두되었다.

무엇보다 분배의 측면에서 양극화가 심화되고 있었다. 기업소득이 가계소득보다 더 빨리 증가하면서 성장의 과실이 가계로까지 넘쳐흐르지 못했다. 기업 간에도 대기업과 중소기업, 제조기업과 서비스기업, 수출기업과 내수기업 사이의 격차가 좀처럼 좁혀지지 않았다. 가계에서도 고소득층과 저소득층의 소득·자산 격차가 확대되었다. 게다가 사후적으로 소득 격차를 좁히는 정부의 재분배정책은 다른 선진국에 비해 크게 뒤처져 있었다.

우리 경제의 '저성장·양극화'는 일자리 측면에서 '고용 없는 성장'과 '일자리 격차'로 고스란히 투영되었고, 이에 따라 일자리의 양과 질 개선이 가장 시급한 과제로 부상하였다. 2016년 제조업의 취업유발계수는 1997년 대비 67%나 급락하였고, 서비스업의 취업유발계수도 26% 하락하였다. 이처럼 우리 경제의 고용창출력이 급격히 떨어지고 있었다.

일자리 격차도 더욱 커졌다. 대·중소기업, 제조·서비스업간 격차가 확대되는 과정에서 중소기업·서비스업의 저임금 현상이 고착화되었다. 특히 IMF 외환위기 이후 기업의 도산과 구조조정, 다운사이징 과정에서 대량해고로 인한 실업인구와 비정규직의 규모가 크게 늘었다. 지속적인 비용절감에 나선 기업들이 인적자본 축적이 어려운 비정규직을 선호하면서 정규직과 비정규직간 처우 격차가 심화되었다. 특히 청년·여성·신중년 등 취업취약계층의 일자리 사정이 더 악화되면서 계층 간 일자리 격차도 확대되었다.

한편 문재인 정부 출범 당시 수도권과 비수도권의 불균형 또한 심각한 수준이었다. 수도권의 국토 면적은 12%에 불과하나 인구 비중은 이미 50% 수준에 달하였다. 수도권의 총생산, 취업자, 투자액 비중도 50% 수준에 이르렀으며, 1천대 기업 본사의 비중은 74%, 예금 비중은 69%에 달하였다. 경제력 격차뿐만 아니라 교육, 복지, 보건·의료, 주거·교통, 문화·여가, 안전·환경 격차도 임계점을 넘어서고 있었다.

20세기 말 지구적 수준에서 사회경제적 불평등은 세계대공황을 초래한 1920년대의 수준을 넘어섰다. 장기화되고 있는 지구적 저성장 시대에 점점 더 확대되는 양극화와 불평등은 한국사회에서 훨씬 더 빠르게 고도화되었다. 이 같은 사회경제적 불평등의 심각성은 문재인 정부 출범의 보다 근본적 배경이 되었다.

III. 외교안보적 배경

문재인 정부 출범의 또 다른 배경은 외교안보적 위기를 들 수 있다. 문재인 정부는 북한의 계속되는 핵·미사일 위협 한가운데서 출범했다. 북한은 2016년 1월과 9월에 핵실험을 단행하였고, 2017년 1월에는 미국 본토를 타격할 수 있는 대륙간 탄도미사일 개발이 막바지에 이르렀다고 주장하였다. 또한, 한미연합훈련이 계속된다면 핵 능력 및 선제공격 능력 강화로 대응할 것이라고 긴장 수위를 높였다. 문재인 정부 출범 이후에도 북한은 군사적 도발을 멈추지 않았다. 2017년 7월에 대륙간 탄도미사일(화성-14형) 실험, 8월에 중거리 탄도미사일(화성-12형) 실험, 그리고 9월에 6차 핵실험이 있었다. 또한 북한은 11월에 고각 발사의 형태로 미국 본토를 위협할 수 있는 대륙간 탄도미사일(화성-15형) 실험을 한 후, "핵무력 완성"을 선언하기에 이르렀다.

한편, 2017년 1월 출범한 미국의 트럼프 정부는 '위대한 미국의 재건'을 선언했다. '미국우선주의' 기치아래 보호무역주의를 강화하고 반이민정책을 추진하였으며, '힘을 통한 평화'를 추구했다. 트럼프 정부는 4월에 '최고의 압박과 관여'를 대북정책 기조로 설정하는 등 긴장 상태를 유지하였다. 4월 한미연합훈련 때 미국의 핵 추진 항공모함을 비롯한 전략자산이 한반도에 진입했고, 이에 북한은 "전쟁불사"를 외쳤다. 이 당시 SNS에는 '4월 27일 전쟁'이라는 시나리오 글이 올라오고, 금융가에서는 일부 외국계 기업들이 긴급 한반도 탈출 계획을 가동했다는 소문까지 나돌기도 했다. 물론 모두 허위였지만 그만큼 한반도에 일촉즉발의 적색등이 켜지고 이른바 '4월 위기설'의 상황이 전개되었기 때문이었다.

한반도 평화를 위한 남북대화는 2015년 12월 개성에서 개최된 차관급 회담을 마지막으로 단절된 상태였다. 한반도 위기가 고조됨에도 불구하고, 이를 완화·해결할 수 있는 핵심수단으로서 남북 대화채널이 닫혀 있었던 것이다. 북미대화 또한 마찬가지였다. 사실상의 대북 무시정책인 '전략적 인내' 정책을 내세운 미국의 오바마 행정부는 2012년 2월 북한의 김정은 정권과 2.29 합의를 이루었으나, 북한의 인공위성 발사로 합의는 폐기되었고, 이후 문재인 정부 출범 이전까지 사실상 북미대화는 없었다.

다른 한편, 미중 패권경쟁의 고조도 한반도 외교안보 위기를 가중시키는 요인이 되었다. 2012년 중국의 시진핑은 위대한 중화민족의 부흥(中國夢)을 선언하고 미중 간 대등한 지위를 요구했다. 2013년 중국이 제안한 일대일로(一帶一路) 사업에 2017년 당시 100여 개의 국가 및 국제기구가 참여할 만큼 중국의 영향력이 커지는 상황이었다. 2017년 10월 집권 2기를 맞은 시진핑은 새롭게 '신형국제관계'를 선언하면서 소극적이던 외교·안보·군사 분야에서도 적극적 자세로 전환했다. 미국의 대중국 무역제재로 촉발된 미중 갈등이 경제 전반과 군사·안보 분야로 확대되면서 동북아 지역의 지정학적 불안정성이 커지는 상황이었다. 아울러 환경, 기후변화, 재해·재난, 테러, 마약, 빈곤·질병, 인권 등의 초국가적·비전통적인 안보문제도 더욱 심화되고 있었다.

문재인 정부의 출범은 한반도의 긴박한 외교안보적 위기를 넘어설 수 있는 한반도 평화주의에 대한 열망의 효과이기도 하다. 전쟁의 모드를 평화의 모드로 전환하고자 하는 국민적 선택이 문재인 정부였으며, 문재인 정부가 출범과 함께 맞닥뜨린 최우선의 절체절명한 과제가 한반도 위기 관리였고 한반도 평화였다.

제2장 문재인 정부의 출범 과정

Ⅰ. 국민주권의 촛불혁명

1. 촛불혁명의 시작

2016년 9월 제20대 국회의 첫 정기국회는 박근혜 정권의 권력핵심의 국정농단과 권력사유화에 대한 비판, 그리고 검찰개혁과 공수처 신설에 대한 국회의장의 개회사로 시작되었다. 박근혜 정부의 불통과 독단은 거의 모든 정치쟁점에 대해 여당과의 협치를 거부했다. 마침내 김재수 농림축산식품부장관 해임건의안의 거부에 이어 야당의 사드 배치 반대 일축, 대화를 통한 북핵문제 해결에 대한 거부, 그리고 야당 대표들의 우병우 민정수석 사퇴 요구 및 세월호 참사 특별조사위원회 활동기간 연장 요구도 수용되지 않았다.

2016년 9월 23일 민주당 최고위원회에서는 '최순실 사건'이 처음 공개적으로 언급되었다. "미르재단, 케이스포츠재단에 대한 의혹이 눈덩이처럼 불어나고 있다. 도대체 최순실 씨가 어디까지 개입한 것이고 기업들은 도대체 이 비선 실세가 왜 그렇게 두려워서 거액의 출연금을 낼 수밖에 없었는지, 누가 그 과정에서 작동한 것인지, 이 재단은 무슨 목적으로 만든 것인지, 여러 가지가 석연치가 않은데 비장전을 하지 말라는 말 말고는 들은 바가 없다. 구체적인 사실로 이 의혹을 해명하려고 노력해야 하지 않나. 저희는 이런 의혹이 너무 많고, 크고, 또 해명할 의지가 청와대와 관련부처 그리고 관계기관에게 없다고 판단하고 당내 TF팀을 구성해서 본격적으로 이 문제를 다룰 예정이다."[1]

민주당의 이른바 최순실TF는 이처럼 공개적으로 언급되기 전에 이미 활동을 시작한 것으로 알려졌다. 문제는 세 방향으로 정리되었다. 첫째, 재벌의 돈을 받아서 최순실이 조정하는 재단에다 돈을 넣은 정경유착, 둘째, 국민의 세금인 정부의 정책자금을 받아 자기들 사업에 활용하려고 했던 국정농단, 셋째, 정유라와 관련된 최순실의 개인비리라는 세 방향에서 민주당 의원들의 역할분담이 있었고 국정감사의 전략이 수립되었다.

2016년 9월 20일 국회대정부질문에서 미르·K스포츠재단 불법모금 의혹이 처음으로 제기되었다. "대기업들이 수백억 원의 거금을 출연한 미르재단과 K스포츠재단 설립에 대통령 박근혜의 측근인 최순실 씨가 개입되었다"고 시작됨으로써 '최순실'이라는 이름이 수면 위로 올랐다.[2] 민주당에서는 미르재단과 K스포츠재단은 모두 신청 하루 만에 허가가 났고, 설립 몇 개월 만에 각각 486억 원과 380억 원에 이르는 기부금이 조성됐다며 두 재단을 5공화국 시절 전두환의 일해재단에 비유했다. 전경련과 대기업을 움직여 출연금을 모집한 당사자로 안종범 청와대 정책조정수석이 지목되었다. 이와 동시에 한겨레신문은 최순실 미르·K스포츠재단과 관련해 "K스포츠재단 이사장 인선과 재단 운영 등에 대통령 측근으로 알려진 최순실씨가 연루됐다"라

---

1 우상호(2017), 『탄핵, 100일간의 기록』, 32쪽, 더미래연구소.
2 우상호(2017), 『탄핵, 100일간의 기록』, 34쪽, 더미래연구소.

는 의혹을 보도했다. 야당은 본격적인 대여투쟁에 돌입했다. 새누리당은 국감 보이콧을 선언했고 국감을 보이콧한 일주일 동안 이른바 박근혜-최순실 게이트의 민낯이 국정감사를 통해 전 국민에게 생중계되기 시작했다.[3]

10월 5일 국정감사 2주차가 되면서 미르·K스포츠재단이 청와대 안종범 수석에 의해 지휘되고 있다는 폭로가 나왔다. 국회 교문위에서는 재단의 졸속 설립허가를, 기재위에서는 지정 기부금단체 지정에 특혜 의혹을, 정무위에서는 전경련 재단 통합방침 배경을, 법사위에서는 재단 사문서 위조에 대한 검찰 수사촉구를, 국토위에서는 한국·이란 문화교류사업에 미르재단이 포함된 경위를 추궁하는 등 모든 상임위에서 전 방위적으로 최순실 게이트를 압박했다.

야당과 언론이 최순실 게이트의 실체를 밝혀 가던 10월 24일, 국면을 획기적으로 전환하는 두 가지 사건이 하루에 일어났다. 하나는 국회 시정연설에서 박근혜 대통령이 개헌을 제안한 것이었다. 개헌제안은 국면을 전환하기 위한 술수로 판단되어 야 3당의 저항을 불러일으켰고 이 과감하고 공격적인 대통령의 제안은 한나절 만에 더 충격적인 두 번째 사건으로 사그라졌다.

개헌제안을 무색하게 했던 두 번째 사건은 JTBC의 최순실 태블릿 PC 관련 첫 보도로 국정농단의 적나라한 물증을 제시한 것이다. 당시 보도는 200여 건에 달하는 청와대 문건이 유출되었고, 44건의 대통령 공식문서가 최순실의 태블릿 PC에 들어있었다고 했다. 문제는 이 문건을 받은 시점이 늘 대통령의 공식발언보다 앞서 있었다. 청와대 내

---

3 우상호(2017), 『탄핵, 100일간의 기록』, 36쪽, 더미래연구소.

부에서조차 공유되지 않은 문서들을 최순실이 먼저 주무르고 잇었던 것이다. 있을 수 없는 국기문란 행위에 온 국민이 경악했다. '이게 나라냐?'라는 반응이 나오고 정국은 격랑으로 빠져들었다.[4]

이러한 상황 속에서 국민의 정서를 자극한 것은 최순실의 딸 정유라의 이화여대 부정 입학 의혹이었다. 언론을 통해 삼성이 정유라의 승마 독일 연수를 불법적으로 지원하였고, 최순실의 이대 방문 이후 정유라의 지도교수 교체 의혹, 학점 취득에 유리한 학칙 개정 등의 의혹이 제기되면서 최씨 일가의 권력형 비리에 대한 진상규명 요구의 목소리가 커졌다. 당시 이화여대 학생들은 평생교육 단과대학 '미래라이프대학' 설립에 반대하며 학대 시위를 진행하고 있었는데, 정유라의 입시 비리 의혹이 제기되면서 재학생, 졸업생, 교수들이 함께 진상규명과 비리 척결을 요구하는 시위로 바뀌기도 했다.

일부 시민단체가 2016년 10월 29일 제1차 촛불집회를 준비할 때만 해도 이 집회가 우리나라의 헌정사와 민주주의를 발전시키는 일대 전환점이 되리라고 생각한 이는 드물었다. 이즈음 쌀값 폭락에 항의하려 시위에 참여(2015.11.14)하였던 백남기 농민이 2016년 9월 25일 끝내 사망하는 사건이 벌어졌다. 장례식장이 서울대병원에 마련됐지만, 박근혜 정권은 "검찰과 경찰을 앞세워 백남기 농민의 국가폭력 살인의 진상을 왜곡·은폐하고자 부검을 강행"하려 한다는 시민단체들의 비판이 있었고, 이를 막기 위해 서울대병원 장례식장은 한 달 내내 집회와 시위가 계속됐다. 전국적으로 140여 곳의 시민분향소가 마련되었고, 추모문화제가 개최되었던 상황에서 1차 집회가 결정되었다. 3만 명이

---

4 우상호(2017), 『탄핵, 100일간의 기록』, 39쪽, 더미래연구소.

넘는 인파가 촛불집회가 열리는 청계광장을 가득 메웠는데, 이는 민주주의와 주권을 되찾는 위대한 행진의 시작을 알리는 것이었다.[5]

2. 촛불혁명의 확산

박근혜 대통령의 탄핵과 문재인 정부를 출범시킨 촛불혁명은 2016년 10월 29일 첫 시위를 시작함으로써 본격화되었다. 10월 29일 민중총궐기투쟁본부가 주최한 '모이자! 분노하자! 내려와라 박근혜!'라는 이름의 1차 촛불집회가 청계광장에서 열렸다. 민중총궐기투쟁본부는 민주노총 주도로 53개 단체로 구성된 부정기집회를 위한 조직이었는데 11월 12일 민중대회를 준비하던 중 급박한 정세에 따라 시민들이 참여하는 촛불집회 초반부에 주최 역할을 했다.[6] 11월 9일 서울에서는 1,500여 개의 시민단체가 총 망라된 '박근혜정권 퇴진 국민비상행동'이 발족되었다. 그리고 11월 12일 '국민비상행동'이 처음으로 주최한 3차 촛불집회에는 100만이 넘는 인파가 광화문을 채웠다.

집회는 급격하게 규모가 확대되면서 매주 토요일 저녁마다 촛불시위가 진행되었고, 다음해인 2017년 4월 29일까지 총 23회에 걸쳐 서울과 전국 150여 곳 시군지역에서 연인원 1,700만 명이 참가했다(《표 1》). 그중 2016년 12월 3일 제6차 범국민 촛불시위에서는 전국 각 지역에서 모두 232만 명의 시민이 참여했는데 이는 한반도 역사상 동시에 가장 많은 사랑들이 거리 저항에 나선 날로 기록되었다. 촛불시민

---

5 박근혜정권퇴진비상국민행동(이하 퇴진행동)(2018), 『박근혜 정권 퇴진 촛불의 기록』.
6 우상호(2017), 『탄핵, 100일간의 기록』, 40쪽, 더미래연구소.

의 거센 퇴진 요구에 밀려 국회는 박근혜 대통령의 국정농단과 헌정유린 책임을 물어 탄핵소추안을 의결함으로써 박근혜의 대통령으로서의 권한행사가 정지되었고, 다음해 3월 헌법재판소가 박근혜 대통령의 탄핵을 결정함으로서 대통령직에서 파면했다. 2017년 5월 9일 대통령 선거를 통해 새 대통령이 당선되면서 촛불혁명의 정부가 출범했다. 이는 한국에서 1960년 시민혁명인 4.19 민주혁명으로 독재정권을 퇴진시킨 이후 57년 만에 처음으로 시민항쟁을 통해 권력을 교체한 사례가 되었다.[7]

〈표 1〉 전국 촛불집회 참여 인원수(2016년 10월 27일~2017년 4월 29일)

(단위: 명)

일시	차수	추산인원	누적 연인원	비고
2016.10.29	1차	50,000	50,000	서울 주도
11.5	2차	300,000	350,000	서울 주도
11.12	3차	1,060,000	1,410,000	첫 추산인원 100만 돌파, 서울 집중 집회
11.19	4차	960,000	2,370,000	
11.26	5차	1,900,000	4,270,000	
12.3	6차	2,320,000	6,590,000	사상 최대 규모 촛불집회
12.10	7차	1,040,000	7,630,000	대통령 탄핵소추안 가결 이후 첫 집회
12.17	8차	770,000	8,400,000	
12.24	9차	702,000	9,102,000	
12.31	10차	1,104,000	10,206,000	누적 연인원 1,000만 돌파
2017.1.7	11차	643,380	10,849,380	세월호 1,000일 추모집회
1.14	12차	146,700	10,996,080	
1.21	13차	352,400	11,348,480	
2.4	14차	425,500	11,773,980	

7 퇴진행동 기록기념위원회 편(2021), 『촛불과 함께 한 모든 날이 행복했습니다 - 박근혜 퇴진 촛불항쟁의 역사』, 72쪽, 동연.

2.11	15차	806,270	12,580,250	
2.18	16차	844,860	13,425,110	
2.25	17차	1,078,130	14,503,240	전국 집중 집회
3.1	18차	300,000	14,803,240	
3.4	19차	1,050,890	15,854,130	
3.11	20차	708,160	16,562,290	박근혜 탄핵 인용 결정 후 첫 촛불집회
3.25	21차	102,400	16,664,690	
4.15	22차	109,600	16,774,290	
4.29	23차	50,000	16,824,290	

출처: 박근혜정권퇴진비상국민행동(2018), 『박근혜 정권 퇴진 촛불의 기록』.

촛불집회는 기존의 극한 대립과 폭력이 수반되는 집회와 달리 시민들의 개별 참가가 중심을 이루는 비폭력적이고 질서있는 평화집회였다. 성숙된 시민의식을 바탕으로 한 새로운 민주주의의 역사적 서막이 열린 것이다. 집회는 유튜브, 팩트tv, 오마이tv 등 인터넷 매체를 통해 생중계되었고, 일반시민들과 유명 정치인들이 구분없이 발언의 기회를 가졌다. 참가자들은 남녀노소를 망라했는데 특히 3차 촛불집회 이후 책 대신 피켓을 들고 집회에 참여하는 중고등학생들이 눈에 띄게 늘었다.[8]

광화문광장의 촛불은 국민주권의 거대한 정치 운동이자 하나의 사회문화적 현상으로서 그 규모와 지속성에서 한국사는 물론 세계적으로도 역사적인 사건이었다. 그해 6개월간 광화문에는 주말마다 백만의 인파가 모였다. 하지만 촛불은 수도 서울에만 한정되지는 않았다. '퇴진행동'에 의해 집계된 전국 촛불 참가자는 약 1,700만 명에 달하는데 지역 촛불(광화문 제외) 참가자 수만 260만 명이 넘었다. 광화문 집회의 참가자 중 상당수가 지역 참가자였음을 고려하면 촛불은 명실상

8 우상호(2017), 『탄핵, 100일간의 기록』, 40쪽, 더미래연구소.

부한 전국적인 현상이었다. 17개 광역 시·도의 지역별 전개 과정과 양상은 각기 달랐다. 서울·수도권의 경우 주말 광화문 촛불에 집중하면서 평일 선전전, 지역 촛불 등의 다양한 행동을 벌인 것이 특징이며 광역·특별시 단위는 대부분 거점별 주말 촛불집회가 기본 활동이었다.

애초에 주최 측이 예상하였던 인원보다 수백 배나 많이, 그리고 가족과 개인, 친목 모임 등 다양한 단위가 해를 넘기면서까지 계속 촛불집회를 이어갈 수 있었던 데는 다양한 요인이 작용하였다. 우선, 언론과 법원, 그리고 특검 등의 견제와 감시 역할이 평화적 촛불집회의 우호적 환경을 제공하였다. 언론에 의해 의혹이 보도되고 검찰의 적당한 수사로 마무리되었던 과거와 달리, 이번에는 결정적 증거물들에 관한 보도가 언론에 의해 경쟁적으로 이어졌다. 소위 '박근혜 게이트'를 발굴하고 폭로하는 데 진보와 보수 매체가 함께 나섬으로써, 이념과 진영을 넘어 다양한 성향의 참여자들이 참가했다.

또한, 법원과 경찰의 자세 역시 변화하였다. 일촉즉발의 초기 국면에서 청와대 인근으로의 집회 금지 처분에 대하여 기각을 판단한 법원의 변화는 물리적 충돌 없는 평화적 시위의 제도적 환경을 제공하였다. 〈표 2〉에서 보듯이 법원은 11월 19일에 처음으로 주간으로 한정하기는 하였지만, 청와대 400m 앞 행진을 허용하였다. 서울행정법원은 청와대 앞 200m 행진과 야간 행진을 허용했다. 그리고 마침내 박근혜 대통령 탄핵소추안이 발의된 12월 2일에는 법원이 청와대 100m 앞 행진을 허용하였다. 이와 더불어 경찰이 보여준 차분한 대응은 결과적으로 더 많은 시민이 안심하고 가족과 함께 참가할 수 있게 만들어주었다. 물론, 변화된 법원과 경찰의 이러한 태도는 전례 없이 많은 시민의 적극적인 참여가 영향을 미쳤다고 할 수 있다.

〈표 2〉 촛불집회 일지

일시	주요 사건
10.24	JTBC 최순실의 태블릿 PC 공개 보도
10.25	박근혜 대통령 1차 대국민담화
10.29	1차 범국민행동 촛불집회 시작
11.1	최순실 긴급 체포와 구속(11.3)
11.4	박근혜 대통령 2차 대국민담화(검찰조사 특검 수용, '모두 제 잘못' 발언)
11.8	청와대 김병준 총리 내정 사실상 철회
11.17	여야 합의로 특검법 국회통과(찬성 210, 반대 4, 기권 11)
11.19	법원 청와대 400m 앞 행진 허용(낮 시간으로 제한)
11.21	야3당, 탄핵 추진 당론 결정
11.27	전직 국회의장·국무총리 등 박근혜 대통령에게 내년 4월 하야 촉구
11.29	박근혜 대통령 3차 대국민담화
12.1	새누리당 '4월 퇴진 6월 대선' 만장일치로 당론 확정/박영수 특검 임명
12.2	박근혜 대통령 탄핵소추안 발의/법원 청와대 100m 앞 행진 사상 첫 허용
12.6	박근혜-최순실 게이트 국정조사 특별위원회 1차 청문회 진행
12.9	박근혜 대통령 탄핵안 국회 가결
12.21	박영수 특검 공식수사 시작
12.27	새누리당 의원 30명 집단 탈당, 개혁보수신당 창당
1.21	김기춘 전 실장, 조윤선 전 장관 구속
1.24	최순실 체포영장 집행, 바른정당 창당
2.13	새누리당 자유한국당으로 개명
2.15	최경희 이화여대 전 총장 구속
2.17	이재용 삼성전자 부회장 구속
3.9	야3당 헌재 판결 승복해야 한다고 주장
3.10	헌재 박근혜 대통령 탄핵 인용

이러한 흐름은 촛불집회 중간 과정에서 시작된 '특검'에서도 확인할 수 있다. 특검의 활동은 언론과 국회 조사, 검찰의 수사에도 불구하고 여전히 실체가 불분명했던 많은 의혹과 쟁점들을 밝혔고, 탄핵의 결과에도 영향을 미쳤다. 특검의 활동은 인사권자에 휘둘리지 않고 민

주적 통제가 발현되는 '검찰의 필요성'에 대한 국민적 공감대를 형성시켜줬다는 점에서도 의의가 작지 않다.[9]

Ⅱ. 탄핵, 국민의 위대한 승리

1. 국회의 탄핵 가결

2016년 12월 9일 국회는 박근혜 대통령 탄핵소추안을 가결했다. 1차 촛불집회가 열린 지 50일, 국회가 탄핵소추안을 발의한 지 일주일 만의 일이었다. 국회는 재적의원 300명 가운데 299명이 투표에 참여, 박 대통령 탄핵소추안을 찬성 234명, 반대 56명, 기권 2명, 무효 7명으로 가결 처리했다. 찬성률은 78.2%였다. 2004년 3월 12일 노무현 대통령에 대한 탄핵소추안의 찬성률(64.5%)과 비교해보면, 상대적으로 높은 비율이었다. 현직 대통령에 대한 탄핵안 가결은 노무현 대통령에 이어 2번째였다. 대한민국 헌정사에서 대통령의 권한이 정지되거나 유고 상황이 발생한 것은 4·19혁명, 5·16 군사 쿠데타, 12·12 사태와 노 전 대통령에 이어 5번째였다.

촛불집회를 주도한 '국민비상행동'이 단일한 입장을 가진 것은 아니었지만 촛불시위의 초기에는 박근혜 대통령이 스스로 물러나기를 요구하는 '하야론'이 주종을 이루었다면 촛불시위가 확산될수록 탄핵론이 급물살을 타게 되었다. 10월 마지막 주가 되면서 정치권은 거국

---

9 민주사회를 위한 변호사모임(2017), 『박근혜 정권 퇴진 특위 백서』, 11쪽.

중립내각이 현안으로 떠올랐다. 명목상으로는 여야가 모두 거국중립 내각 구성하는 데 의견을 같이 했다. 그러나 순서와 내용에서는 서로 다른 입장들이 있었다. 대통령의 탈당이 우선되어야 한다는 입장, 거국중립내각을 여당이 주도하면 국민을 속이는 것이라는 입장, 법적 권한이 없는 허수아비 거국내각이 출발하면 장식용 내각에 불과하다는 입장 등이 혼재했다. 헌정 중단 사태의 불행한 사태를 수습할 수 있다는 일말의 기대는 박근혜 대통령의 김병준 총리 내정으로 야3당의 대여투쟁은 강화되었다. 당시 문재인 민주당 전 대표는 비상한 결단이 불가피하다는 입장을 천명했다. 게다가 검찰에 출석한 우병우 민정수석에 대한 이른바 '황제 수사'가 언론에 공개되면서 국민적 공분은 일으켰다. 11월 8일 국회를 방문한 박근혜 대통령은 가장 중요한 현안인 자신의 거취문제에 대해서는 한마디도 하지 않고 자리를 뜸으로써 물러날 의사가 없다는 것이 명백해졌다. 11월 9일 발족한 '국민비상행동'은 처음부터 거국중립내각이 환상이라고 지적하며 박근혜 퇴진을 주장했지만 이제 정치권에서도 거국중립내각 논의는 힘을 잃고 대통령의 2선 후퇴론과 퇴진론이 떠올랐다.[10]

진전이 없었던 청와대와 정치권의 공방에 변화를 가져온 것은 11월 12일 100만 인파가 모여든 3차 촛불집회였다. 11월 14일 민주당은 2선 후퇴론 역시 폐기하고 대통령 퇴진을 당론으로 결정했다. 21일 민주당은 100만 촛불 민심과 오천만 국민의 뜻을 받들어 대통령 탄핵추진을 만장일치로 결정했다고 발표했다. 전면적 퇴진운동을 위한 '박근혜 대통령 퇴진 국민주권운동본부' 체제로 전환과 동시에 탄핵실무추

---

10   우상호(2017), 『탄핵, 100일간의 기록』, 46쪽, 더미래연구소.

진준비단을 구성했고, 국민의 당 또한 탄핵을 당론으로 확정하고 탄핵
추진단을 구성했다.[11]

국회의 대통령 탄핵소추안 의결을 위해서는 200명의 찬성표를 확
보해야 했다. 새누리당의 동참 의원이 절대적으로 필요했다. 11월 중
순부터 새누리당 내에 비주류와 비박계 중심의 전현직 의원들로 구성
된 새누리당 비상시국위원회가 탄핵에 협조적 세력이었다. 검찰이 박
대통령을 박근혜-최순실 게이트의 공동정범이자 피의자라고 수사결
과를 발표한 후 비상시국위원회 소속의원들은 탄핵 결의로 의견을 모
은 것으로 추정되었다.

12월 3일 더불어민주당, 국민의당, 정의당, 무소속 의원 171명이 공
동 발의하는 '대통령(박근혜) 탄핵소추안'이 발의되었다. 12월 9일 탄
핵안 결정을 위한 국회 본회의를 하루 앞둔 8일 오전부터 촛불이 국회
를 에워쌌다. 민주당 의원 전원은 탄핵부결 시 전원 의원직 총사퇴를
결의하고 사직서를 작성했다. 12월 9일 오후 3시 국회 본회의에 박근
혜 대통령 탄핵안이 상정되었고 무기명 표결에 들어갔다. 표결 전 다
음과 같은 탄핵소추안 제안 설명이 있었다.

> "박대통령에 대한 탄핵소추는 손상된 헌법질서의 회복을 위한
> 첫걸음이자 민주주의 복원을 위한 대장정의 시작입니다. 국회는
> 탄핵을 통해 상처받은 국민의 자존심을 치유해내야 합니다. 대통
> 령 탄핵은 '헌정의 중단'이 아니라 헌법적 절차를 준수하는 '헌정
> 의 지속'이며 이 땅의 민주주의가 엄연하게 살아 숨쉰다는 것을

---

11   우상호(2017), 『탄핵, 100일간의 기록』, 53쪽, 더미래연구소.

보여주는 산 증거가 될 것입니다 … 지금 국회 앞에서 외치고 있는 국민들의 함성이 들리십니까? 우리는 오늘 탄핵 가결을 통해 부정과 낡은 체제를 극복해내고 새로운 대한민국을 만들어내야 합니다. 오늘 표결을 함에 있어 사사로운 인연이 아닌 오직 헌법과 양심, 역사와 정의의 기준으로만 판단하셔서, 부디 원안대로 가결하여 주실 것을 간곡하게 호소 드립니다(2016.12.9 김관영의원 대통령(박근혜) 탄핵소추안 제안설명 중)."

탄핵소추안이 통과된 후 탄핵소추의결서가 헌법재판소에 제출됨으로써 탄핵 심판이 청구되었다. 박근혜 대통령의 권한 행사가 정지되었고 이에 따라 국무총리가 대통령 권한을 대행해 국정운영을 책임지게 되었다.

국회의장은 탄핵안이 가결된 직후 "이제 탄핵안이 가결된 이상 더 이상의 혼란은 없어야 한다"면서 "공직자들은 한 치의 흔들림 없이 민생을 돌보는 일에 전력을 다해달라"고 당부했다. 새누리당은 공식논평에서 "집권 여당으로서 탄핵 정국을 예방하지 못한 데 대해 국민께 다시 한번 사죄드린다"면서 "결자해지의 자세로 오로지 국민 눈높이에서 환골탈태 하겠다"고 강조했다. 한편, 더불어민주당은 "오늘은 국민이 승리한 날로 역사에 영원히 기록될 것"이라면서 "탄핵 가결은 끝이 아닌 새로운 시작으로, 이제 국민과 함께 새로운 대한민국의 역사를 열어가겠다"고 밝혔다. 국민의당은 "이제 대통령은 국민의 뜻을 수용하고 새로운 대한민국을 위해 스스로 물러나야 한다"며 "국정 공백을 최소화하는 길은 대통령의 결단"이라고 주장했다.[12]

2. 헌재의 탄핵 심판[13]

헌법재판소는 2017년 3월 10일 오전 11시 열린 박근혜 대통령 탄핵 심판 사건의 선고재판에서 재판관 8명 전원의 일치된 의견으로 대통령의 파면을 결정했다. 대통령이 파면된 것은 대한민국 헌정 사상 처음이었다.

> "피청구인에 대한 파면 결정은 자유민주적 기본질서를 기반으로 한 헌법 질서를 수호하기 위한 것이며, 우리와 우리 자손이 살아가야 할 대한민국에서 정의를 바로 세우고 비선 조직의 국정 개입, 대통령의 권한 남용, 정경유착과 같은 정치적 폐습을 청산하기 위한 것이다."

헌법재판소의 '판시사항'은 가~타까지 12개의 항목으로 구성되었다. 헌법재판소는 먼저, 국회의 탄핵소추 절차가 헌법이나 법률을 위반한 것이라고 볼 수 없다고 판시하였다. 구체적으로는 "국회가 탄핵소추 사유에 대하여 별도의 조사가 없었다거나 국정조사 결과나 특별검사의 수사 결과를 기다리지 않고 탄핵소추안을 의결"한 것, 그리고 "탄핵소추안에 대한 제안설명만 듣고 토론 없이 표결이 이루어진 것"

---

12 대한민국 국회, 2017.1, 『국회보』, file:///C:/Users/LG/Downloads/201701.pdf (2022. 1.9 검색).

13 2017.3.10, 대통령(박근혜) 탄핵. 2016헌나1. 〈국가법령정보센터〉 (2022.1.9 검색). https://www.law.go.kr/%ED%97%8C%EC%9E%AC%EA%B2%B0%EC%A0%95%EB %A1%80/(2016%ED%97%8C%EB%82%981)

모두 헌법이나 법률을 위반한 것이라고 볼 수 없다고 판시하였다. 또한, 헌법재판관의 결원과 관련하여, "헌법재판관 1인의 결원으로 8인의 재판관으로 재판부가 구성되더라도 탄핵 심판을 심리하고 결정하는 데 헌법과 법률상 아무런 문제가 없다"고 결정하였다.

헌법재판소는 국민의 관심이 컸던 세월호 사건과 관련하여서는 인정하지 않거나, 소추 사유가 될 수 없다고 판시하였다. 먼저, 세월호 사건 당시 박근혜 대통령이 행정부의 수반으로서 국가가 국민의 생명과 신체의 안전보호 의무를 충실하게 이행할 수 있도록 권한을 행사하고 직책을 수행하여야 하는 의무를 소홀히 했다는 소추 사유에 대해서는 인정하기 어렵다고 판시하였다. 구체적으로는 "국민의 생명이 위협받는 재난 상황이 발생하였다고 하여 피청구인이 직접 구조 활동에 참여하여야 하는 등 구체적이고 특정한 행위 의무까지 바로 발생한다고 보기는 어렵다. 세월호 참사에 대한 피청구인의 대응조치에 미흡하고 부적절한 면이 있었다고 하여 곧바로 피청구인이 생명권 보호 의무를 위반하였다고 인정하기는 어렵다"고 판시하였다. 또한, "세월호 참사 당일 피청구인이 직책을 성실히 수행하였는지 여부는 그 자체로 소추 사유가 될 수 없어, 탄핵 심판절차의 판단 대상이 되지 아니한다"고 판시하였다.

문제의 발단이자 본질이었던 최순실의 국정 농단에 대하여는 "대의민주제의 원리와 법치주의의 정신을 훼손한 것으로서 대통령으로서의 공익 실현 의무를 중대하게 위반한 것"이라고 분명하게 판결하였다. 먼저 헌재는 "피청구인은 최○원에게 공무상 비밀이 포함된 국정에 관한 문건을 전달했고, 공직자가 아닌 최○원[14]의 의견을 비밀리에 국정운영에 반영하였다. 피청구인의 이러한 위법행위는 피청구인이 대통령으로 취임한 때부터 3년 이상 지속되었다. 피청구인은 국민으로부터 위임받은 권한을 사적 용도로 남용하여 적극적·반복적으로 최○원의 사익 추구를 도와주었고, 그 과정에서 대통령의 지위를 이용하거나 국가의 기관과 조직을 동원하였다는 점에서 법 위반의 정도가 매우 중하다"고 꾸짖었다. 이어 "대통령은 공무 수행을 투명하게 공개하여 국민의 평가를 받아야 한다. 그런데 피청구인은 최○원의 국정개입을 허용하면서 이 사실을 철저히 비밀에 부쳤고, 그에 관한 의혹이 제기될 때마다 이를 부인하며 의혹 제기 행위만을 비난하였다. 따라서 권력분립원리에 따른 국회 등 헌법기관에 의한 견제나 언론 등 민간에 의한 감시 장치가 제대로 작동될 수 없었다. 이와 같은 피청구인의 일련의 행위는 대의민주제의 원리와 법치주의의 정신을 훼손한 것으로서 대통령으로서의 공익 실현의무를 중대하게 위반한 것"이라고 규정하였다.

이어서 "결국 피청구인의 이 사건 헌법과 법률 위배 행위는 국민의 신임을 배반한 행위로서 헌법 수호의 관점에서 용납될 수 없는 중대한 법 위배 행위라고 보아야 한다. 그렇다면 피청구인의 법 위배 행위가 헌법 질서에 미치게 된 부정적 영향과 파급효과가 중대하므로, 피청구인을 파면함으로써 얻는 헌법 수호의 이익이 대통령 파면에 따르는 국가적 손실을 압도할 정도로 크다고 인정"된다고 판시하였다.

14 최○원은 최순실의 개명한 이름임.

Ⅲ. 문재인 정부의 출범

1. 경선 및 대선 과정[15]

제19대 대통령 선거는 대통령 탄핵이라는 헌정 사상 초유의 사태 속에서 치러진 궐위선거였다. 탄핵소추 발의, 국회의결을 거쳐 헌법재판소의 탄핵 결정에 따라 대통령 선거가 2017년 5월 9일(화)에 실시되었다. 장미꽃이 필 무렵에 실시되어 일명 '장미 대선'이라 부르기도 했다. 이렇듯 대통령 선거가 조기에 실시됨에 따라 정당의 후보자 선출 및 선거운동은 짧은 시간 내에 이루어질 수밖에 없었으며 유권자에게 정당과 후보자 정보를 제공할 수 있는 시간 또한 제한적일 수밖에 없었다. 또한, 다당제 정당 구도하에서 선거를 치렀다는 점에서도 역대 대통령 선거와 차별성을 보였다.

조기 선거 일정이 공표되면서 각 정당은 바로 경선 과정에 진입하였다. 더불어민주당은 해당 권역별로 투표소 투표, 순회 투표, ARS 투표 결과를 합산하는 경선 방식을 선택하였다. 4월 3일 수도권 순회 투표 종료 후 1위 후보자가 득표수 과반이 넘어 결선투표 없이 최종 후보자를 결정하였다. 자유한국당은 3월 31일 후보자 선출대회에서 책임당원투표 개표 결과와 여론조사 결과를 합산하여 최종 후보자를 결정하였고, 국민의당은 권역별로 순차적으로 개표 결과를 발표, 4월 4일 충청권 순회 투표 종료 후 여론조사 결과를 반영하여 최종 후보자를 확정하였다. 바른정당은 3월 28일 후보자 지명대회 시 '국민정책

---

15   중앙선거관리위원회(2017), 『대통령선거총람. 제19대, 1-2』.

평가단' 투표 결과, 당원투표 결과, 여론조사 결과를 합산하여 최종 후보자를 확정하였다.

〈표 3〉 정당별 당내 경선 결과

(단위: 표, %)

정당	후보자명 (기호순)	최종득표수 (득표율)	경선 방식
더불어민주당	이재명	347,647(21.2)	선거인단 투표
	최 성	4,943(0.3)	
	문재인	936,419(57.0)	
	안희정	353,631(21.5)	
자유한국당	이인제	14.9	책임당원 50% + 여론조사 50%
	김관용	11.7	
	김진태	19.3	
	홍준표	54.1	
국민의당	안철수	75.01	선거인단 80% + 여론조사 20%
	박주선	6.92	
	손학규	18.07	
바른정당	유승민	36,593(62.9)	당원투표 30% + 국민정책평가단 평가 40% + 여론조사 30%
	남경필	21,625(37.1)	

출처: 중앙선거관리위원회(2017), 86~87쪽에서 재작성.

당시 상황을 보면 2017년 3월 10일 대통령 궐위선거의 실시 사유가 확정됨에 따라 바로 예비후보자등록이 개시되어 4월 10일까지 총 26명이 등록하였고 최종 13명의 후보자(정당추천 12명, 무소속 1명)가 경쟁했다.

제19대 대통령 선거는 궐위선거였지만 대통령 선거 사상 처음으로 사전투표와 재외선거가 실시되었다. 위법행위 조치 건수는 제18대 대통령 선거보다 35% 정도 감소하였다. 불법 유사기관·사조직, 불법 인쇄

물·시설물·집회 등 전통적인 위반행위 조치 건수는 전반적으로 줄어든 반면 허위사실공포·비방 등 흑색 선전행위 조치 건수는 오히려 크게 늘었다. 이는 짧아진 선거 준비 기간으로 인하여 정책 대결보다는 단기간 내 빠른 효과를 내는 네거티브 선거운동이 급증한 데 따른 것이다.

특히, 제19대 대통령 선거에는 단축된 선거기간으로 인해 TV 토론회에 대한 국민적 관심이 높았다. 「공직선거법」상 초청대상 후보자는 여론조사 평균 지지율 100분의 5 이상을 충족한 5명(더불어민주당 문재인, 자유한국당 홍준표, 국민의당 안철수, 바른정당 유승민, 정의당 심상정)으로, 세 차례의 토론회가 개최되었고, 초청 외 대상 후보자토론회는 1회 개최되었다.

투표는 2017년 5월 9일 오전 6시부터 오후 8시까지 전국 139,647 투표소에서 순조롭게 진행되었으며 투표율은 제18대 대통령 선거의 75.8%보다 1.4% 증가한 77.2%를 기록하였다.

[그림 1] 역대 대통령 선거 투표율

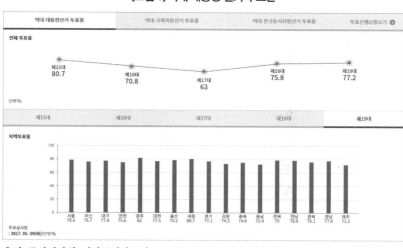

출처: 중앙선관위, 선거통계시스템, http://info.nec.go.kr/.

19대 대선의 개표는 투표가 모두 종료된 5월 9일 오후 8시부터 전국 251개 개표소에서 일제히 진행되었다. 최종 개표 결과 더불어민주당 문재인 후보가 유효투표 수 32,672,175표의 41.1%인 13,423,800표를 얻어 2위인 자유한국당 홍준표 후보가 얻은 7,852,849표보다 5,570,951표를 더 많이 득표하였다.

〈표 4〉 개표 결과 및 후보자별 득표 상황

구분	후보자명	득표수	득표율	득표순위	후보자명	득표수	득표율	득표순위
후보자별 득표상황	문재인	13,423,800	41.08	1	장성민	21,709	0.06	9
	홍준표	7,852,849	24.03	2	이재오	9,140	0.02	12
	안철수	6,998,342	21.41	3	김선동	27,229	0.08	8
	유승민	2,208,771	6.76	4	이경희	11,355	0.03	11
	심상정	2,017,458	6.17	5	윤홍식	18,543	0.05	10
	조원진	42,949	0.13	6	김민찬	33,990	0.10	7
	오영국	6,040	0.01	13				

출처: 중앙선거관리위원회(2017), 174쪽.

2. 국민인수위원회와 '광화문 1번가'

문재인 정부 국정과제의 상당수는 선거 과정에서 국민의 제안을 적극적으로 수용하여 완성되었다. 국민의 제안은 다양한 형태로 이루어졌는데 대표적으로 문재인 정부 출범 후 국민인수위원회와 '광화문 1번가'로 연결되었던 '문재인 1번가'를 활용한 경우와 '국민제안 게시판'을 활용한 정책선정의 경우가 있다.

먼저, 국민의 정책제안 및 정책에 대한 선호도를 반영하기 위하여 '문재인 1번가'(www.moon1st.com)가 2017년 4월 17일 오픈되었다. 이

것은 쇼핑몰의 형식을 활용하여 다양한 정책제안들을 설명하고, 국민의 제안을 받고, 선호도를 확인하는 사이트로 구성되었다. 당시로서는 대한민국 최초의 정책쇼핑몰을 표방하였다.

[그림 2] 문재인 1번가

'문재인 1번가'는 정책공약을 베스트 상품, 스페셜 상품, 지역 상품 등으로 나눠 소개하고, 국민들이 마음에 드는 공약에 '즉시 구매 좋아요'를 누르도록 하는 방식이다. 당시 미세먼지 없는 푸른 대한민국(강력한 미세먼지 관리 대책), 아이 키우기 좋은 대한민국, 도시재생 뉴딜, 가계통신비 부담 절감, 중소기업이 주역이 되는 정의로운 경제가 선호도가 높은 공약으로 꼽혔으며, 이들은 문재인 정부의 핵심적인 국정과제가 되었다.

'문재인 1번가'는 2017년 5월 25일부터 7월 12일까지 국정기획자문위원회 산하의 국민인수위원회가 운영한 온·오프라인 정책제안 플랫폼 '광화문 1번가'로 연결되었다. 오프라인은 광화문 세종로 한글공원에 '광화문 1번가, 열린 광장'으로 개설되었다. 운영기간 동안 약 20

만 명의 국민이 총 118,705건을 제안하였으며, 이들은 분석 과정을 거쳐서 정책으로 연결되도록 하였다.

광화문 1번가는 2018년 5월 4일부터 정부서울청사 별관 1층에 '열린소통포럼'으로 상설화되었으며, 인터넷(gwanghwamoon1st.go.kr)을 통해서도 제안과 토론 등 다양한 형태로 운영되었다.

[그림 3] 광화문 1번가 열린소통포럼

다른 한편, 공식적으로 국민의 제안을 받는 프로세스를 마련하여 정책을 선정하기도 했다. 2017년 3월 17일부터 3월 30일까지 14일간 국민제안 게시판을 운영하였다. 분야별로 총 675건이 접수되었으며, 이 중에서 우수작과 가작을 각각 3건씩 6건을 선정하여 정책화하였다. 다양한 시민단체들도 새 정부가 추진하기를 기대하는 많은 정책들을 제안하였다. 노인복지중앙회, 빈곤사회연대, 대학생네트워크 등 총 108건의 시민사회단체와 지역단체의 질의서를 수렴하였고, 이 중 일부 제안들은 정책화되었다.

〈표 5〉 국민제안의 분야별 접수 현황

상임위	접수 건수	상임위	접수 건수
운영	155	안행	49
법사	32	농해수	31
정무	43	산업	19
기재	17	보건복지	48
미방	11	환노	56
교문	43	국토	38
외통	32	정보	3
국방	47	여가	51
합계		675	

〈표 6〉 국민제안의 선정 결과

구분	제안 내용
우수상	농가 전용 앱 개발
	과대 포장 금지 법안
	명절 고속도로 무료 개방
가작	공공도서관의 정규직 사서 채용 강화
	비무장지대 내 대성동마을 관광지화
	정부 및 지자체의 활동 및 예산 정보 공개 의무화

3. 인수위 없는 정부

2017년 5월 10일, 문재인 정부가 출범했다. 사상 최초의 대통령 탄핵을 이루어냈던 민심은 대한민국의 새로운 대통령으로 문재인 후보를 선택하였다. 문재인 정부의 출범 환경은 엄중했다. 대내적으로는 지난 정부의 국정농단으로 생긴 무너진 국가·사회 체계를 정의롭게 재정립하고, 일자리와 미래 성장동력을 창출하며, 불평등과 차별 해소, 분권과 균형발전을 이뤄내야 하는 임무를 부여받았다. 대외적으로는 한미동맹 등 강한 안보역량과 협력외교체계 구축을 통해 한반도의 비핵화와 번영을 이뤄야 하는 어렵고도 복합적인 임무를 수행해야 했다.

이 같이 엄중한 국정환경과 촛불 민심을 담은 막중한 책무에도 불구하고 문재인 정부는 국정을 준비할 시간적 여유를 전혀 가지지 못했다. 원래 「대통령직 인수에 관한 법률」에 따르면, 당선인은 대통령직 인수와 관련된 업무를 담당하기 위해 대통령 임기 시작일 이후 30일의 범위까지 존속하는 〈대통령직인수위원회〉를 설치할 수 있다. 〈대통령직인수위원회〉의 주요 임무(제7조)는 ① 정부의 조직·기능 및 예산 현황의 파악, ② 새 정부의 정책 기조를 설정하기 위한 준비, ③ 대통령의 취임 행사 등 관련 업무의 준비, ④ 대통령 당선인의 요청에 따른 국무총리 및 국무위원 후보자에 대한 검증, ⑤ 그 밖에 대통령직 인수에 필요한 사항 등이다.[16]

그러나 문재인 정부는 임기를 채우지 못한 전 정부의 국정 공백에 메우기 위해 당선된 바로 다음날 긴박하게 정부를 출범해야 했기 때문에 대통령직인수위원회를 구성할 여유가 없었다. 따라서 문재인 대통령은 대통령직인수위원회 역할과 기능을 대신 수행할 '국정기획자문위원회'(이하 국정기획위)의 운영을 결정하였고, 「국정기획자문위원회의 설치 및 운영에 관한 규정」을 대통령령으로 제정(2017.5.16)하여 위원회 운영 근거를 마련하였다.

국정기획자문위원회는 「국정기획자문회의 설치 및 운영에 관한 규정」에 따라 정부의 조직·기능 및 예산 현황의 파악, 정부의 정책 기조

---

16 법제처, 〈대통령직 인수에 관한 법률(약칭: 대통령직인수법)〉, https://www.law.go.kr/%EB%B2%95%EB%A0%B9.

설정, 국가 주요 정책의 선정 및 그 실행을 위한 중장기 계획 수립, 그 밖에 대통령의 국정기획 등에 관한 자문을 담당하였다. 국정기획위는 조속히 정부를 구성하는 동시에 긴급한 국정 현안들에 대응해야 하는 문재인 정부의 상황을 보완하여 국가 비전과 국정 목표를 설정하고 향후 5년간의 국정운영을 치밀하고 촘촘하게 준비하는 것이 핵심 목적이었다. 국정기획위는 문재인 대통령이 후보 시절 공약했던 201개 공약 892개 실천과제를 기반으로 정부 각 부처 및 공공기관들의 업무계획과 국민인수위원회에서 제기된 국민제안을 종합하여 문재인 정부의 국정운영 계획과 과제를 수립, 대통령에게 자문하고 공유·확산하는 임무를 수행하는 데 모든 역량을 동원했다.

제3장 문재인 정부 출범의 의의

I. 역사적 의의

1. K-민주주의의 진화

아테네 민주주의 이래 민주주의 모델은 각국의 역사와 제도에 따라 다양하게 발전했다. 의회를 중심으로 한 영국의 웨스트민스터 모델, 스위스의 직접민주주의 모델, 다양한 결사체를 중심으로 한 미국의 다원민주주의 모델, 사회협약을 바탕으로 한 북유럽의 민주적 조합주의 모델 등이 그 예라고 할 수 있다. 한국사회는 정부 수립 후 뒤늦은 산업화와 민주화에도 불구하고 세계적으로 보기 드물게 경제성장과 정치발전에 성공한 나라가 되었다. 대한민국의 현대사는 4·19혁명에서 부마항쟁, 5·18민주화운동, 6·10민주항쟁을 거쳐 촛불혁명에 이르기까지 민주주의를 진화시켜온 민주주의의 역사였다. 특히 촛불의 민주주의는 '집합적 열정의 찰나적 분출'이 아니라 21세기의 4반세기 동안 지속적으로 진화함으로써 이제 문재인 정부 출범의 역사적 의의로서의 'K-민주주의의 모델'에 주목할 수 있게 되었다.

"국민주권을 실현하며 민주주의를 발전시킨 대한민국의 역사 또한 놀랍습니다. 4·19혁명으로부터 부마항쟁, 5·18민주화운동,

6·10민주항쟁을 지나 촛불혁명에 이르기까지 국민이 주역이 되어 민주주의를 발전시켜 왔습니다. 세계 민주주의의 역사를 새로 쓴 우리 국민의 민주역량에 전 세계인들이 감탄하고 있습니다."[17]

"지난 해 말 충격적인 부패 스캔들에 한국인들은 부끄러워했지만 이제 그들은 자랑스러움을 느껴야 한다. 헌법수호의 의무를 저버린 대통령의 파면을 결정한 것은 한국을 넘어 더 광범위한 지역에 중요성을 갖는다. 한국은 전 세계에서 민주주의가 가장 번창하는 나라라는 신뢰를 강화했으며 세계에서 위협받고 있는 자유민주주의에 에너지를 불어넣어 주었다. … 지난 50년간 비약적 발전을 이뤄 경제선구자의 명성을 얻은 한국이 이제 세계 신생 민주주의 국가의 정치모델이자 지역 내 지정학적 핵심주자가 되려는 순간과 마주 섰다. 차기 대통령에게 많은 것이 달려 있다."[18]

문재인 정부의 출범은 K-민주주의의 진화를 상징한다. 세계의 언론들이 주목했듯이 세계 민주주의의 역사를 새로 쓰고 위협받고 있는 자유민주주의를 진화시킨 것이다. 우리는 촛불혁명으로 집권한 문재인 정부의 민주주의가 무엇보다도 서구 민주주의의 보편적 질서로 간주되었던 '대의민주주의'의 위기적 현실에 출구를 제시했을 뿐더러 '현대 민주주의론'의 새로운 확장에도 기여했다는 점에 주목해야 한다.

오늘날 대부분의 서구국가에서 대의민주주의는 실질적인 시민의

17　"문재인 대통령 국무회의 모두발언"(2019.4.9), 『대한민국 정책브리핑』.
18　파이낸셜 타임스, 2017.3.13.

삶과는 크게 분리되어 있다. 정치와 국가, 민주주의가 재정국가의 수준에서 복지서비스의 제공자로서 국민의 삶과 접할 뿐 시민의 참여적이고 자아실현적인 삶에 기여하지 못하고 있다. 대의민주주의는 엘리트민주주의의 한계를 드러낸 지 오래이다. 우리 시대 민주주의는 여기서 한걸음 더 나아가 주권자이자 민주주의의 주체로서의 시민은 의회에서 위임권력이 결정하는 바를 보고 따르기만 하는 '관객민주주의'로 전락했다는 평가가 일반적이다. 이처럼 정치엘리트의 전유물이 됨으로써 점차 '박제화'되는 경향의 현대 민주주의에 새로운 활력을 불어넣은 것이 직접민주주의의 요소였다. 주민투표나 주민소환과 같은 직접민주주의의 제도들뿐만 아니라 참여민주주의나 숙의민주주의의 제도들이 대의민주주의의 대안이나 보완적 요소로 주목되었던 것이다. 그러나 참여민주주의의 절차나 숙의민주주의의 절차를 보편적 정치질서로 작동시키기에는 뚜렷한 한계가 있다.

문재인 정부의 민주주의는 촛불혁명의 민주주의가 갖는 몇 가지 특징으로 인해 참여민주주의나 숙의민주주의와는 다른 차원의 진화된 민주주의를 보여준다. 촛불혁명은 무엇보다도 거대한 군중행동을 통해 국민의 주권적 지위를 표출해내는 '표출적 민주주의'(expressive democracy)의 특징을 보인다. 일상에서 전개되는 시위나 집회 등은 대의적 제도 내에서 표현의 자유를 허용하는 수준에 있다. 그러나 촛불혁명의 거대한 군중행동은 대의민주주의와 병행하거나 대의민주주의를 적극적으로 제약할 수 있는 수준으로 표출된 주권자 국민행동이라고 할 수 있다. 게다가 2016년 촛불혁명은 시위나 집단행동이 민주적이고 법적인 질서를 훼손하지 않음으로써 표출적 민주주의가 한국 민주주의를 구성하는 한 축이 되게 했다. 촛불의 힘이 드러낸 표출적 민주주의는 한국 민주주의를 그만큼 확장시키고 진화시킨 효과를 갖게 되었다.

촛불혁명의 '표출적 민주주의'는 폭력적 시위행동이 아니라 질서 있는 행동을 통해 주권자의 의지를 드러내고 표현해내는 데 목적이 있다. 표출적 민주주의는 집합적 정서를 정치적 행동으로 발현해내는 민주주의다. 표출적 민주주의는 주권적 존재로서의 '공동체적 자기애'를 확인하는 과정이자 국민주권의 신념을 공감하고 공유하며 표현해내는 과정이기도 했다. 촛불시민이 드러내는 공동체적 자기애는 표출적 민주주의를 감정과 정서의 민주주의로 심화시키는 경향이 있다. 공동체적 자기애의 감정과 정서로 결집되고 주권적 의지로 달구어진 거대한 촛불시민은 대의민주주의의 화석화된 경계를 깨뜨리는 강력한 정치적 영향력을 동반함으로써 새로운 정치국면을 여는 데 기여했다. 따라서 표출적 민주주의는 '영향력의 민주주의'이기도 하다.

K-민주주의를 확장한 '표출적 민주주의'의 요소는 현실적으로 현대 민주주의의 새로운 수준을 보여주었다. SNS를 통해 주권적 의지나 민주적 욕구를 광범하게 표출해내기도 하고 이러한 의지를 촛불시민의 직접행동으로 드러내는 과정이 민주주의를 진화시켰다. 특히 표출적 민주주의를 가능하게 하는 '공동체적 자기애'는 특정집단이나 국가에 닫힌 폐쇄적인 것이 아니라 지구공동체적 수준의 인류애로 열려 있다는 점에서 포스트코로나 시대 지구적 연대와 협력이 절실한 '지구적 민주주의'의 가치로 확장될 수 있다. 'K-민주주의'는 표출적 민주주의로 진화함으로써 시민적 자율의 민주주의이자, 사회적 책임의 민주주의, 나아가 공동체적 협력의 민주주의로 강화되었다.[19]

19 조대엽(2020.4.7), "총균쇠의 역사를 바꾼 문재인 정부", 『대한민국 정책브리핑』.

2. 제도를 통한 혁명, 그리고 혁명과 제도의 선순환

문재인 정부의 출범 과정은 한국 현대사에서 유래를 찾기 어려운 제도적 절차를 통한 혁명이라는 점에서 '제도혁명'의 과정이라고도 할 수 있다. 2016년 겨울의 촛불시민행동에서부터 2017년 박근혜 대통령의 탄핵과 문재인 정부의 출범에 이르는 정치 과정을 제도혁명으로 규정할 수 있는 것은 무엇보다도 정부 출범 과정에 제도적이고 절차적인 요소들이 뚜렷이 부각되기 때문이다. 첫째는, 촛불혁명이 진화시킨 '표출적 민주주의'는 폭력적이거나 파괴적인 저항의 민주주의가 아니라 '제도내적 행동주의'를 보임으로써 한국 민주주의를 제도적 방식으로 진화시키는 효과를 가졌다. 둘째로 대통령의 탄핵 과정이 온전히 제도와 법적 절차를 통해 진행되었다. 국회의 탄핵안 가결이 의회민주주의의 절차를 통해 진행되었으며 헌법재판소의 탄핵 인용이 결정되는 과정 또한 엄격한 법치의 과정이었다. 법치와 제도를 통한 평화적 권력이양이 이루어진 셈이다. 셋째로 대통령의 탄핵 결정과 함께 새 정권이 출범하는 과정이 선거와 제도적 절차에 따라 안정적으로 진행되었다. 물론 이전 정부가 탄핵으로 권좌에서 내려진 대통령의 정부였기에 인수인계의 조건이 갖추어지지 않음으로써 일반적인 정부의 출범과는 다른 절차가 있었다. 특히 이전 정부가 임기를 다하지 못한 국정 공백으로 당선 다음 날 곧 바로 새 대통령과 새 정부의 임기가 시작됨으로써 문재인 정부는 인수위가 없이 출발했다는 점에서 혁명 정부적 특징을 보였다. 그럼에도 불구하고 비록 짧은 기간이었지만 인수위를 대신하는 국정기획자문위원회가 빠르게 가동되었고, 이를 통해 제도적 공백을 메워내는 '제도를 통한 혁명'을 완수해냈다.

촛불시민의 힘으로 최고 권력자인 대통령을 임기 전에 권좌에서 끌어내리고, 박근혜 체제를 전복시켰다는 점에서 문재인 정부는 촛불혁명이 만든 혁명정부라고 할 수 있다. 그러나 촛불혁명의 모든 과정이 제도의 틀을 넘어서지 않았고 법적 절차에 따라 출범한 정부라는 점에서 문재인 정부는 '제도혁명정부'라고도 할 수 있다. 촛불시민의 거대한 행동주의가 법의 테두리를 넘지 않았고, 탄핵의 과정이 제도적으로 이루어졌으며, 선거와 새 정부의 출범 과정이 제도적 훼손 없이 진행되었다. 문재인 정부의 출범은 '제도혁명'이라고 부를 수 있는 절차를 통해 출범한 보기 드문 사례가 되었다.

문재인 정부는 이처럼 제도혁명정부로서의 특징을 갖는 한편, '혁명과 제도의 선순환'을 보여준 한국 현대 정치의 첫 사례라는 점에도 주목할 수 있다. 현대 한국의 정치사는 4월 혁명, 6·3항쟁, 부마항쟁, 광주항쟁, 6월 대항쟁과 같은 부단한 시민 저항의 역사를 갖지만 평화적 헌정 절차에 따라 시민의 염원을 담은 민주정부의 수립은 제대로 경험하지 못했다. 말하자면 혁명이 있은 후 시민의 뜻에 따른 정부 출범으로 선순환하지 못하는 역사를 반복해온 것이다. 문재인 정부는 촛불시민의 염원이 반영된 선거에서 국민의 압도적 지지로 출범한 정부라는 점에서 혁명과 제도의 선순환 사례로 간주할 수 있다. 물론 정부가 출범하는 데까지는 제도적 선순환으로 볼 수 있지만 이러한 선순환이 '개헌'이라는 보다 분명한 촛불혁명의 과제를 완수하는 데로 나아가지 못한 한계는 아쉬움을 갖게 한다. 그러나 비록 문재인 대통령이 발의한 개헌안은 국회의 문턱을 넘지 못했지만 촛불혁명이 던진 과제를 헌법개정을 통해 제도적으로 선순환 시키고자 한 시도라는 점에서는 중요한 의의를 갖는다. 촛불시민이 제도혁명의 경로를 성공적으로 찾아내고, 시민혁명과 정부제도의 선순환을 가져온 것은 '역사적으로 누적된 시민 저항의 정치적 학습효과'라고도 할 수 있다. 상해 임시정부 이래 백년 공화국의 '백년 시민'이 학습한 지혜롭고도 합리적인 정치적 선택의 경로이기도 했다.

3. 한반도 평화주의의 진화

한반도 분단 상황에서 어떤 정부든 분단 관리와 통일 노력은 운명적 과제다. 한반도 상황은 특히 동북아의 국제정치 지형과 맞물려 남과 북이 스스로 정책 결정이 어려운 조건에서 전쟁 위기의 국면이 전개되기도 했다. 다른 한편으로 남과 북은 한반도 분단 상황을 적대적 공존의 환경으로 활용하는 경향도 없지 않았다. 문재인 정부는 출범 전 이른바 '4월 위기설'이 떠도는 가운데 일촉즉발의 한반도 전쟁 위기 상황에서 출범했다.

북한은 2016년 1월과 9월에 연속적인 핵실험을 시도했고 2017년 1월에는 미국 본토를 겨냥한 대륙간 탄도미사일 개발의 마감단계를 주장하면서 한미연합 군사훈련에 대한 강경대응을 예고했다. 2017년 4월 한미연합 군사훈련이 개최됨으로써 미국의 핵 항공모함을 비롯한 전략자산이 한반도에 진입했고 북한은 전쟁 불사를 공언했다. 2017년 7월 북한은 대륙간 탄도미사일 실험을 시도했고, 8월에는 중거리 탄도미사일 실험을 했다. 그리고 9월에 6차 핵실험을 감행했으며 마침내 11월에는 고각 발사의 대륙간 탄도미사일 화성 15형 실험을 마친 후 이른바 '핵무력 완성'을 선언했다. 문재인 정부는 이 같은 한반도 전쟁 위기가 고조된 조건에서 한반도 평화문제를 해결해야 할 특별한 운명적 과제를 안고 출범한 셈이다.

광복 후 이승만 정권은 남북협상론을 견제하기 위한 일종의 전략적 선택으로 북진통일론이나 무력통일론을 고수했다. 한국전쟁 이후에도 이른바 체제 우위에 바탕을 두고 보수진영의 급진적 통일론으로 흡수통일론이 때때로 등장했지만 대부분의 정부에서 공식적 입장은 한반도 평화주의를 표방했다. 물론 한반도 평화주의에 대해 보수정부와 진보정부의 전략적 입장은 대북 강경론과 온건론의 뚜렷한 차이가 있었다. 주지하는 바와 같이 최근의 보수정부에서는 보다 명백한 대북상호주의를 채택했고 진보정부에서는 햇볕정책으로 알려진 대북포용주의의 일관된 입장을 가졌다. 특히 문재인 정부 이전의 두 정부에서 강력하게 추진한 대북상호주의 정책은 한반도 평화교류의 단절을 가져왔고 남북관계는 교착상태에 빠진 점은 주지의 사실이다. 한반도 평화주의는 김대중 정부와 노무현 정부, 그리고 문재인 정부에서 실질적으로 크게 진화되었다. 김대중 정부와 노무현 정부, 두 번의 진보정부에서 남북정상회담이라는 역사적 진전이 있었지만 특히 문재인 정부에서 한반도 평화주의는 괄목할만한 역사적인 진전이 있었다.

> "대한민국의 보다 주도적인 역할을 통해 한반도에 평화체제를 구축하는 담대한 여정을 시작하고자 합니다. … 첫째, 우리가 추구하는 것은 오직 평화입니다. 평화로운 한반도는 핵과 전쟁의 위협이 없는 한반도입니다. 남과 북이 서로를 인정하고 존중하며, 함께 잘사는 한반도입니다. … 둘째, 북한 체제의 안전을 보장하는 한반도 비핵화를 추구하겠습니다. … 셋째, 항구적인 평화체제를 구축해 나가겠습니다."[20]

북한의 연속적 군사도발에도 불구하고 문재인 대통령은 2017년 7월 '신베를린 선언'을 통해 평창올림픽과 패럴림픽에 북한이 참가해서 남북한 긴장을 완화하고 평창올림픽을 평화올림픽으로 만들 것을 제안했다. 문대통령은 7월 6일 베를린의 쾨르버재단 연설에서 5대 원칙과 4대 실천제안을 담은 '신 한반도 평화비전'을 발표했다. 김정은 북한 노동당 위원장에게 사실상의 남북정상회담을 제안한 셈이다. 신베를린 선언을 실천하기 위해 2017년 9월 한국 정부는 평창올림픽과 패럴림픽 기간 군사적 분쟁을 중단하자는 휴전결의안을 유엔에 제출했고 유엔은 이 결의안을 채택했다. 2017년 문재인 대통령은 평창올림픽과 패럴림픽 기간과 겹치는 한미 연합군사훈련을 연기할 수도 있음을 밝히면서 북한의 평창올림픽 참가를 다시 한 번 요청했다. 평창올림픽은 남북이 공동입장함으로써 평화올림픽이 되었고 올림픽개막에 직접 참석한 북한의 김여정은 문대통령을 초청하는 김정은 위원장의 친서를 전달했다.[21]

문재인 정부에서 세 번의 남북정상회담이 이루어졌다. 2018년 4월 27일 개최된 제1차 남북정상회담에서는 '한반도의 평화와 번영, 통일을 위한 판문점 선언'이 채택되었으며, 9월 18일부터 20일까지 평양에서 개최된 제3차 남북정상회담에서는 '평양공동선언'에 합의했다. 평양공동선언에는 부속합의서로 '판문점 선언 이행을 위한 군사분야

---

20 문재인 대통령, 2017년 7월 독일 쾨르버 재단 초청연설.
21 대통령직속 정책기획위원회(2021), 문재인 정부 국정성과시리즈 제1권 『국민과 함께 극복한 3대 위기』, 7~10쪽.

합의서'를 채택하여 전쟁 없는 한반도 비전을 현실화했다.[22]

　문재인 정부의 한반도 평화프로세스 정책은 세 번의 남북정상회담에 이르기까지 괄목할 만한 진전을 이루었다. 무엇보다도 문재인 정부의 한반도 평화주의의 진화는 다음과 같은 세 축에 주목해야 한다. 첫째는 세 번의 남북정상회담이다. 남북정상회담이라는 외교적 성과는 한반도의 긴장이 그만큼 완화되었다는 것을 의미할뿐더러 평화를 향한 수많은 역사적 계기가 누적되어 한반도 평화가 한 발짝씩 진화해간다는 점에서 뚜렷한 역사적 의의를 강조할 수 있다. 둘째는 평화를 뒷받침하는 국방력의 증강이다. 국방력 강화는 충분한 국방예산으로부터 시작된다. 문재인 정부는 국방예산을 획기적으로 증액시켜 정부 출범 당시 40.3조 원이던 국방비를 2020년 50조 원을 넘게 확보했다. 문재인 정부 국방예산의 연평균 증가율은 약 7.0%로 지난 정부 9년간의 4.7%보다 약 1.5배 늘렸다. 셋째는 한반도 평화주의의 국제적 위상 제고이다. 특히 바이든 미행정부 출범 이후 이루어진 한미정상회담은 양국 정상의 한미동맹 발전 방향 및 한반도 문제의 주요 현안에 대한 긴밀한 공조를 마련했다는 점에서 한반도 평화의 또 하나의 토대를 구축한 셈이다. 게다가 이 회담에서는 미사일 지침의 종료를 발표함으로써 한국의 미사일 주권을 환수했다는 역사적인 의미도 부가되었다. 이같은 세 가지 축을 통해 문재인 정부는 한반도 평화주의를 뚜렷이 진화시킨 역사적 의의를 확인하게 한다.

22　대통령직속 정책기획위원회(2021), 문재인 정부 국정성과시리즈 제2권 『국정성과로 보는 5대 강국론』, 104~108쪽.

Ⅱ. 사회경제적 의의

1. 경제 패러다임의 전환과 일자리 경제

한국사회는 1950년대 한국전쟁의 폐허 위에 1960년대 들어 이른 바 '압축적 근대화'라고 불리는 본격적인 산업화에 돌입했다. 광복 후 산업기반이라고 해봐야 일제가 남긴 귀속재산과 손으로 꼽을 정도의 이른바 민족자본이 있었으나 그나마 한국전쟁으로 소실되면서 삶과 경제의 기반은 원조경제에 크게 의존하지 않을 수 없었다. 1960년대 이후 30년여에 걸친 국가주도의 경제개발계획은 '한강의 기적'이라할 만큼 세계가 주목하는 성공을 거두었다. 무엇보다도 기업기반을 만들기 위해 국가가 특혜자산과 특혜금융을 통해 기업 자본을 축적시켰고, 내수기반이 부족한 상태에서 기업의 생산은 수출을 위해 몰입함으로써 중화학공업화를 넘어 IT산업의 성공에까지 이르렀다.

수출주도의 성장주의 경제가 대한민국 경제성장의 교본이었다. 수출증대와 기업성장이 나라의 성장이었고 국민의 자부심이었다. 1970~80년대의 고도성장은 대기업을 키웠고 대기업은 세계적인 초거대기업으로 성장했다. 고도성장에 도취된 성장제일주의는 국민적 신앙이 되었고 이 신앙의 핵심교리는 기업이 좋아지면 경제가 살고, 경제가 살면 국민 모두가 잘 살게 된다는 친기업, 친재벌의 논리였다. 기업이 부유해지면 그 성과가 아래로 흘러 국민들이 모두 잘 살게 된다는 낙수효과의 논리이기도 했다.

1990년대 외환위기 이후 성장이 멈추었고, 금융위기와 함께 세계 경제는 장기적인 저성장의 늪에 빠져들었다. 일자리를 잃고 소득은 줄었으며 중소기업과 소상공인은 만성적인 어려움에 빠졌다. 그러나 외환위기 이후 가계소득의 분배율은 지속적으로 줄어든 반면, 가계소득과 기업소득의 격차는 두 배 이상 벌어졌다([그림 4]). 특히 재벌기업은 매출액과 순수익에서 변함없는 성장세를 보였다. 한국경제의 성장이 둔화된 금융위기 이후인 2008년에서 2014년까지도 이 같은 성장은 지속되었다. 이 기간 한국 경제가 21.1% 성장했는데 재벌기업의 경우 임금상승은 경제성장률의 두 배에 이르기도 했다. 그러나 같은 시기 중소기업 노동자의 임금상승은 경제성장률의 4분의 1도 채 되지 않았다. 전체 노동자의 81%가 중소기업에 종사한다는 점을 감안하면 재벌 대기업과 중소기업의 격차는 점점 더 심각해졌다.

[그림 4] 경제성장률과 가계소득-기업소득-정부소득 실질증가율

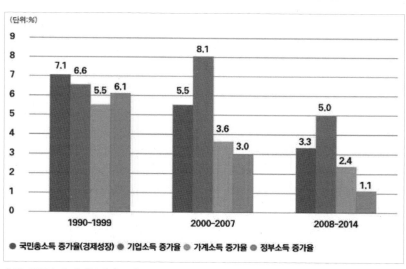

출처: 한국은행 경제통계시스템.

대기업은 세계적인 저성장시대에 눈부신 성장을 했으나 낙수효과는 허구적인 것이었다. 재벌기업 계열사 100대 기업을 보면 문제는 더 뚜렷해진다. 재벌 100대 기업은 한국 기업 전체의 총매출액 중 28.8%를 차지할 정도로 비중이 높고, 순수익은 한국 기업 총순수익의 59.6%를 차지한다. 시장점유율보다 이익의 편중현상이 훨씬 더 심각하다. 게다가 재벌 100대 기업의 직원은 전산업 임금노동자의 3.6%에 불과했다.[23]

대기업·수출주도의 성장주의 경제는 힘을 잃었고 낙수효과는 허구였다. 대기업이 성장하면 대기업의 직원만 수혜를 받을 뿐, 대부분의 노동자들은 성장의 열매를 얻을 수 없었다. 대기업의 늘어난 이익은 자신들의 금고에 쌓이고 있었지 일자리를 늘이고 하청 중소기업과 상생하는 데 쓰이지도 않았을 뿐더러 새로운 투자처를 찾기에도 어려웠다. 성장주의 경제는 한계를 드러냈다. 저성장시대가 장기화되면서 기업주도, 수출주도 성장의 뚜렷한 한계를 보였다. 실업이 늘어나고 비정규직이 확대되며 일자리가 부족한 현실, 노동시장은 분절되고 임금격차가 늘어나는 현실에 대응할 수 있는 새로운 경제패러다임이 절실했다. 소비 진작과 내수 확대를 통한 경제동력 확보가 요구되었다.

이 같은 새로운 경제패러다임은 포스트 케인지언(Post-Keynesian) 경제학자들을 중심으로 임금주도성장론 혹은 소득주도성장론으로 대두되었다. 경제 침체와 성장 둔화의 원인을 총수요 요인 중 내수와 소비 부족, 소득분배 불균형 문제로 보고, 노동자들의 임금을 늘리고 소득을 분배해 총수요를 늘려 경제성장을 달성할 수 있다는 데 주목했다.

---

23   장하성(2015), 『왜 분노해야 하는가』, 336~338쪽.

소득주도성장론은 낙수 효과의 실패를 지적했고, 분수 효과를 강조했다. 고소득층 소득이 증대되면 경제가 성장해 저소득층에게도 혜택이 돌아간다는 '낙수효과'는 소득양극화와 중산층의 붕괴를 가져왔으니 실패한 것이다. 따라서 일자리와 가계소득을 늘리고, 부유층에 대한 세금을 높여 이를 저소득층을 위한 경제·복지정책에 투자함으로써 아래로부터 수요를 창출하는 '분수효과' 정책으로 전환해야 한다는 것이다. 소득주도성장론에 따르면 소득을 보전할 수 있는 주거, 교육, 돌봄 등의 복지를 확충할 뿐만 아니라 양질의 일자리를 만들어 건강한 분배를 통해 성장을 보장해야 한다. 무엇보다 일자리가 늘어나야 했으며, 비정규직의 정규직화를 통해 좋은 일자리를 만드는 것이 중요했다. 최저임금 인상, 고용안전망과 사회안전망을 통한 가계소득을 새로운 성장 원천으로 삼는 일이 새로운 경제패러다임의 과제가 되었다.

소득주도성장은 분배의 악화가 성장을 가로막는 시대적 현실에 대응해 분배를 개선함으로써 성장의 활력을 불어넣자는 것이었다. 소득주도성장은 분배의 측면에 주목하는 새로운 경제패러다임의 한 축이라고 할 수 있다. 고용 없는 성장의 늪을 빠져나오기 위해 일자리를 늘리는 문제가 무엇보다 중요했고 이를 위해서는 일자리-분배-성장의 선순환구조를 만드는 것이 핵심과제였다. 새로운 경제패러다임에서 분배와 성장의 선순환구조를 구축하기 위한 다른 한 축은 '혁신성장'이었다. 새로운 성장동력을 제약하는 과도한 규제나 관행이 혁파되고 중소기업의 혁신역량을 강화함으로써 생산성 중심 경제로 전환시키는 것이 또 하나의 과제였다. 4차 산업혁명의 디지털 혁신과 기후 위기에 대응하는 그린혁신으로부터 신산업과 신성장 동력이 만들어지고 새로운 일자리가 만들어져야 했다.

문재인 정부의 출범은 장기적인 저성장시대 사회경제적 불평등과 양극화 해소를 위한 과감한 경제패러다임의 전환이라는 사회경제적 의의를 갖는다. 사람 중심의 일자리 경제가 새로운 경제패러다임의 방향이 되었고, 소득주도성장과 혁신성장을 통해 구축된 일자리 경제가 분배와 성장의 선순환구조를 만드는 뚜렷한 방향이었다. 소득주도성장은 산업화시대 이후 줄곧 경제 성장의 교본으로 간주되었던 성장주의패러다임의 낙수효과가 특히 저성장시대에는 불평등과 양극화 해소에 어떤 효과도 갖지 않는다는 명백한 현실에 대한 통렬한 성찰의 효과였다. 일자리 정부를 표방한 문재인 정부의 출범은 경제패러다임의 전환이란 점에서 이처럼 주목할 만한 사회경제적 의의를 갖는다.

2. 사회경제적 적폐의 청산과 공정경제

　권력의 적폐는 사회경제적 권력의 적폐와 정치권력의 적폐로 구별해 볼 수 있다. 시장권력과 사회권력이 결합된 사회경제적 권력의 적폐는 정치적 적폐의 원인이자 결과이다. 사회경제적 적폐는 정치적으로 재생산되며 정치적 적폐 또한 사회경제적으로 재생산된다. 사회경제적 적폐의 세 가지 유형은 불평등과 불공정과 부패다. 불평등은 고착화된 사회경제적 격차의 질서이고 불공정은 특권의 질서이며 부패는 불법과 사익의 질서다. 불평등은 불공정을 낳고 불공정은 부패를 낳아 마침내 고도화되고 견딜 수 없는 사회경제적 불평등은 공동체를 몰락시키고 만다.

　촛불정신에 담긴 사회경제적 적폐의 청산에 대한 열망은 정부와 기업과 시민사회에 웅크리고 있는 불평등과 불공정과 부패의 질서를 청산하자는 것이었다. 소득과 자산의 격차, 성별 격차, 지역별 격차, 노동시장과 노사관계의 불균등, 대기업과 중소기업의 격차 등이 만들어내는 사회경제적 불평등은 불공정한 시장구조와 특권적 권력 구조, 학벌과 연고에 따른 불공정한 사회자본을 만들고, 고위공직 비리, 관피아, 전관예우와 같은 권력 부패나 정경유착, 법망을 피한 족벌세습경영, 탈세와 같은 시장 부패, 학교 비리, 종교 비리, 법조 및 언론 비리와 같은 사회권력의 부패를 잉태한다.

이 악순환의 중심에 사회경제적 적폐가 있고, 사회경제적 적폐의 중심에 불공정한 시장적폐가 있다. 문재인 정부의 출범이 공정하고 정의로운 대한민국에 대한 열망이 모인 것이라고 할 때, 문재인 정부 경제패러다임 전환의 또 다른 한 축은 '공정경제시스템'이라고 할 수 있다. 불공정 거래 관행의 근절로 공정한 성장기반을 강화하고, 기업의 지배구조를 개선해 과도한 경제력 집중을 완화하며, 담합행위를 근절함으로써 소비자 권익보호를 강화하는 것이 공정경제의 핵심과제다. 아울러 동반성장 촉진과 골목상권 보호를 강화하고, 협력성장, 포용성장의 새로운 주역으로서의 사회적경제를 활성화시키는 과제도 중요하다.[24]

불공정경제는 모든 적폐의 원천이며, 시장적폐는 정치권력 적폐와 순환관계다. 그래서 사회경제적 적폐의 청산을 위한 공정경제와 공정시장의 시스템 마련이 중요하며 시장경제의 불공정을 담보해 왔던 권력기관의 개혁이 중요하다. 문재인 정부의 출범은 대한민국 적폐의 악순환 고리를 끊고 보다 평등하고 보다 공정하며 보다 투명한 사

---

24   관계부처합동(2017.7.25), "새 정부 경제정책방향".

회로 가는 새로운 시작이고자 했다. 사회경제적 적폐의 청산이야말로 문재인 정부 출범의 가장 뚜렷한 의의이자 '재조산하'(再造山河)의 출발이었다.

Ⅲ. 제도적 의의

1. 제도화된 시민행동과 그 조건들

문재인 정부의 출범은 제도를 통한 혁명 과정과 아울러 혁명과 제도의 선순환에 주목함으로써 제도적 절차를 통한 정부 출범의 역사적 의의를 강조했다. 이제 촛불혁명과 대통령 탄핵이라는 혼돈의 정치 과정에서도 굳건히 작동한 제도적 요소들을 구체적으로 조망함으로써 이를 역사적 의의 및 사회경제적 의의와 구별되는 제도적 의의로 강조하고자 한다. 문재인 정부 출범의 제도적 의의는 첫째, 촛불혁명을 통해 '표출적 민주주의'를 새로운 민주적 질서로 가능하게 한 제도적 시민행동과 그 조건들을 강조할 수 있다. 둘째는 의회 및 정치지도자의 제도적 선택과 협력의 정치를 들 수 있고, 셋째는 삼권분립과 이를 통한 민주주의의 제도적 공고화에 주목할 수 있다.

먼저, 촛불혁명을 통해 대의민주주의와 병립하는 '표출적 민주주의'를 K-민주주의의 새로운 질서로 만들 수 있었던 것은 첫째로 시민정치의 제도화된 행위양식을 들 수 있다. 촛불시민의 거대한 군중행동을 통해 주권적 의지를 표출해낸 표출적 민주주의, 혹은 이를 통해 강력한 정치적 압력을 만들어낸 영향력 민주주의가 제도적 수준의 질서로 자리매김된 데는 한국 시민정치의 제도화된 행위양식의 몫이 크다. 백년의 공화국에서 백년의 시민살이를 통해 축적된 한국의 시민정치는 제도화된 시민단체를 통해 다양한 주창활동을 전개할 뿐만 아니라 일인시위, 삼보일배, 삭발식 등 시위의 양식 또한 효과적인 반복을 통해 제도화된 행위양식을 고안해냈다. 특히 촛불집회의 시위 양식은 축제적이고 문화적인 표출로 가득 채워졌다. 2016년 촛불혁명 또한 다양하고도 새로운 퍼포먼스와 문화적 레퍼터리의 제도적 행위양식으로 이루어졌다는 점에서 표출적 민주주의의 제도화에 근본적으로 기여했다.

둘째, 이 같은 이 같은 제도화된 시민행동을 가능하게 한 조건으로 유연한 사법환경과 치안행동에 주목해야 한다. 일반적으로 시민행동에 대한 사법당국과 경찰의 과도한 치안행동은 더 큰 폭력행동과 예기치 못한 참사로 이어지는 경우가 흔하다. 그러나 촛불혁명의 과정에서 법원과 경찰의 행동은 달랐다. 11월 19일 법원은 청와대 400m 앞까지 시위대의 행진을 허용했으며, 11월 26일에는 청와대 앞 200m 행진을 허용했다. 박근혜 대통령 탄핵소추안이 발의된 12월 2일 법원은 사상 처음으로 청와대 100m 앞까지 행진을 허용했다. 경찰은 원칙적으로 대응하기보다는 물리력을 절제했고 최소한의 물리력 행사로 충돌방지에 몰두했다. 사법당국과 경찰, 그리고 촛불시민 간에 마치 암묵적 소통과 합의가 있는 듯 여겨졌다. 촛불민심을 존중하는 사법적 환경과 경찰 행동이 한국 민주주의의 제도적 외연을 확장하는 데 크게 기여했다는 사실에 우리는 주목해야 한다.

셋째, 제도적 시민행동의 또 다른 조건으로는 이른바 광장정치와 의회정치의 호응을 들 수 있다. 무엇보다도 광장의 촛불이 표출적 민주주의로 제도화할 수 있었던 또 하나의 조건은 의회와 정당정치가 국회 의결을 통해 촛불민심에 호응하는 정치적 결정을 내릴 수 있었기 때문이다. 광장정치와 의회정치의 공존이자 운동정치와 제도정치의 속도감 있는 선순환과정이 있었기 때문에 촛불민심은 제도적 수준에서 조절될 수 있었다. 2016년 11월 17일 여야 합의로 특검법이 국회를 통과했다. 찬성 210표, 반대 4표, 기권 11표였다. 11월 21일에는 야 3당이 탄핵추진을 당론으로 결정했고, 12월 2일에는 박근혜 대통령 탄핵소추안이 발의되었다. 12월 6일에는 박근혜-최순실 게이트 국정조사 특별위원회 1차 청문회가 진행되었으며 마침내 12월 9일 박근혜 대통령 탄핵안이 국회에서 가결되었다. 2017년 3월 9일에 야 3당은 헌법재판소의 판결에 승복해야 한다고 주장하기도 했다. 촛불시민은 정당과 의회의 정치과정을 보고 있었고, 정당과 의회는 촛불민심에 눈을 뗄 수 없었다. 광장과 의회가 표출적 민주주의와 대의민주주의의 병립을 만들었고 이러한 병립이 K-민주주의를 진화시킨 제도적 조건이 되었다.

2. 의회 및 정치지도자의 제도적 선택과 협력

문재인 정부 출범의 두 번째 제도적 의의는 의회정치, 특히 당시 야당 정치인들의 정치적 선택과 협력을 들 수 있다. 첫째는 더불어민주당을 비롯한 야 3당 정치엘리트들이 국회의 탄핵소추를 결정하고 탄핵심판이라는 절차를 정치적으로 선택한 경로에 주목할 수 있다. 촛불민심의 경우 초기에는 박근혜 대통령이 스스로 물러나기를 요구하는 '하야론'이 중심이었다면 촛불시위가 더해갈수록 박근혜 대통령을 끌어내려야 한다는 '탄핵론'으로 급속히 발전했다. 여야의 경우는 10월 마지막 주가 되면서 국정 혼란이 평범한 대책으로 수습될 수준을 넘어섰다는 데 의견을 같이 하기 시작했다.[25] 무엇보다도 거국중립내각이 가장 뜨거운 현안으로 떠올랐다. 박근혜 대통령이 물러날 의사가 없다는 것이 점점 더 분명해지면서 거국중립내각 논의는 약화된 한편 대통령의 2선 후퇴론과 퇴진론이 부각되었다. 11월 12일 광화문 3차 촛불집회 이후 더불어민주당은 대통령 2선 후퇴론을 폐기하고 대통령 퇴진을 당론으로 결정했다. 그리고 탄핵의 외길이 선택되었다.

탄핵의 정치적 선택은 야당 정치인들로서는 촛불민심과 박근혜 대통령, 그리고 새누리당이라는 3자의 입장의 추이 속에서 나름의 합리적 선택이었다. 짧은 기간이었지만 탄핵에 이르는 과정은 점진적으로 결정되었고 단계적 결정이었으며 단계적으로 선택된 탄핵이라는 외길이었다. 이 같은 단계적 결정 과정은 촛불시민과 박근혜 대통령과 새누리당을 자극하지 않는 가운데 더 큰 정치적 혼란을 피해갈 수 있는 안정적 정국 관리를 위해 선택한 제도적 경로였다고 할 수 있다.

둘째로 정치지도자의 정치행동 가운데 당시 문재인 민주당 전 대표의 역할에 주목할 수 있다. 당시 극도로 혼란한 정치국면에서 유력정치인의 언행은 정국의 전개방향에 결정적 영향을 미칠 수 있다. 촛불민심이 불타오르는 가운데 유력정치인들이 광장으로 나섰지만 문재인 전 대표는 절제된 행동으로 가급적 자신이 필요한 시점을 선택함으로써 국민적 신뢰를 높였다. 어쩌면 혼란한 촛불정국에서 흔들리지 않고 절제된 언행을 취함으로써 이때부터 이미 최대 지지기반 구축의 효과

---

25   우상호(2017), 『탄핵, 100일간의 기록』, 44쪽, 더미래연구소.

를 얻은 것인지도 몰랐다. 당시 문재인 전 대표는 촛불민심의 가장 확실하고 안정적인 안전판 역할을 했다. 2012년의 제18대 대선에서 민주당 후보로 선출되었던 문재인 전 대표는 당시 야권 정당 및 재야 시민단체들과 함께 '국민연대'를 결성하고 '국민후보'로 추대되었다. 문전 대표는 18대 대선에서 비록 집권에 실패했으나 이미 48.02%의 득표로 국민 약 절반의 지지를 얻은 가장 영향력 있는 정치지도자였고 촛불과 탄핵정국에서 가장 신뢰할 수 있는 정치지도자로 부각되었다. 2017년 19대 대선국면에서 문재인 후보는 오랜 인권변호사이자 대통령 비서실장, 당대표를 역임한 정치인으로 정책과 인사, 국정운영 등 모든 측면에서 유권자들에게 준비된 후보라는 안정감을 주었다. 촛불과 탄핵의 혼란한 정국에서부터 문재인 정부의 출범에 이르기까지 성공적 정국 전환의 중심에 문재인 후보의 정치역량과 리더십이 있었다. 문재인 후보의 존재 자체가 안정적 정국 운영의 길잡이가 되었다.

셋째로 주목할 수 있는 정치지도자들의 정치적 선택으로는 야당 정치인들의 정치적 협력을 들 수 있다. 한국의 민주화를 지연시킨 중요한 원인 가운데 하나는 정치적 고비마다 있었던 정당과 정치지도자들의 분열이었다. 4·19혁명 후 민주당의 분열, 1980년 서울의 봄과 1987년 13대 대선에서 양김의 분열은 역사를 지체시킨 분열이었다. 문재인 정부의 출범은 촛불과 탄핵, 19대 대선 국면에서 제1야당과 정치엘리트들, 그리고 시민운동의 리더들이 단합하여 정권교체를 이룬 드문 사례이다. 특히 문재인 후보를 비롯한 당내 주자들의 선의의 정책경쟁이 당내 통합은 물론 대선 승리에도 크게 기여했다. 무엇보다도 급작스럽게 닥친 때 이른 대선 상황에서 당내 후보 간의 갈등을 최소화하면서 경선 룰 확정을 마무리하고 안정적 경선 관리를 이루어냈다.

나아가 경선 후보와 지지자들의 성숙과 페어플레이로 종래 대선과 달리 후보자간의 극단적 갈등이 없거나 해소된 점 등은 경선 후 대선승리는 물론 안정적 정부 운영의 바탕이 되었다. 이 같은 당내 협력의 정치는 한국 현대 정치사에서 좀처럼 찾아보기 어려운 제도적 의의를 갖는다.

3. 삼권분립과 민주주의의 공고화

문재인 정부 출범의 세 번째 제도적 의의는 삼권분립과 이를 통한 민주주의의 제도적 공고화를 들 수 있다. 문재인 정부 출범은 대한민국의 민주주의가 제도적 수준에서 한층 더 공고화되었다는 점을 함의하고 있다. 한국사회는 1987년 6월 민주항쟁을 계기로 권위주의 정치의 단계에서 민주화단계로의 전환을 의미하는 '민주주의로의 이행' 국면을 성공적으로 마친 셈이다. 이 분야를 연구하는 대부분의 학자들과 언론은 1987년 이후 30년 동안 주기적이고 공정한 선거를 통해 평화적 정권교체를 이룬 한국을 민주주의 공고화의 대표적인 사례로 꼽고 있다.

정치학에서 민주주의의 공고화는 다당제 선거를 통해 권력을 획득함으로써 민주적 정당성을 확보하고, 민주적 권력을 행사하며, 그 권력이 전승된다는 믿음이 광범한 시민들 사이에 확고하게 자리 잡은 상태를 뜻한다. 쉐보르스키(1995)는 민주주의의 공고화를 정기적이고 공정한 선거로 민주주의가 '공동체의 유일한 게임'(only game in town)으로 정착되어, 권위주의로의 퇴행가능성이 없는 상태라고 정의했다. 공고화는 권위주의로의 퇴행이 차단된다는 점에서 민주주의의 제도적 도입이라는 '이행' 과정과는 근본적인 차이가 있다. 실제로 민주주의로의 이행에 성공한 많은 신생민주주의국가들에서 군부쿠데타나 의회와 대통령 간의 갈등으로 인해 오히려 권위주의 체제로의 퇴행현상이 나타나고 있기 때문이다.

국내외의 학자들과 언론이 한국을 권위주의로의 퇴행가능성이 없는 민주주의 공고화의 사례로 들고 있다고 할지라도 2016년 겨울의 정국은 국가적 불안으로 가득 차 있었다. 대한민국이 헌법적 절차에 따라 선거를 통해 새로운 정부를 구성함으로써 안정된 민주주의의 공고화로 계속 나아갈 것인지, 아니면 친위 쿠데타로 인한 유혈충돌과 헌정 파탄 사태로 민주주의가 퇴행할 것인지가 결정될 엄중한 국면이었다. 실제로 박근혜 대통령에 대한 탄핵소추안이 국회에서 가결되었던 2016년 12월 9일 국군 기무사령관 청와대를 방문하여 박근혜 대통령을 면담했던 것으로 밝혀졌다. 민군 합동수사단의 조사에 따르면, 국군기무사령부는 탄핵 가결 한 달 전인 11월 초부터 '현시국 관련 국면별 고려사항'등의 문건을 통해 계엄령을 논의한 바 있다고 했다.

그러나 촛불혁명의 과정에서도 한국 민주주의의 공고화는 흔들리지 않았다. 촛불혁명은 평화적이고 제도적으로 전개되었고, 촛불민심과 정당의 요구는 대통령의 자진사퇴가 아니라 헌법적 절차를 통한 탄핵으로 모아졌다. 바로 이 제도혁명의 과정에서 제도적으로 보다 확고한 삼권분립을 통한 민주주의의 공고화가 이루어졌다는 점이 강조되어야 한다. 무엇보다도 국회에서의 탄핵안 가결은 삼권분립의 원칙에 따라 헌법이 규정한 국회의 행정부 견제 기능이 제도적 절차에 따라 수행되었다는 점을 의미한다. 촛불혁명의 초기단계에서 민주당, 국민의당, 정의당 등 야 3당은 공동으로 '박근혜–최순실 게이트 국정조사'

실시와 특별법을 통한 특검도입의 공동추진에 합의함으로써 객관적인 진상조사의 길을 열었다. 이어서 야 3당은 공동으로 탄핵소추안을 발의했고 탄핵결의대회를 개최했다. 이 같은 야 3당의 공조는 국회의 탄핵소추안 가결에 결정적으로 작용했고 헌법재판소의 탄핵심판 인용에 유리한 환경을 조성했다.[26] 촛불시민의 박근혜 퇴진 요구를 헌법 절차와 대의민주주의의 정치 과정에 따라 국회에서 대리한 것이다.[27]

헌법재판소의 탄핵심판 역시 삼권분립의 확립과 민주주의 공고화의 다른 한 축이었다. 헌재의 탄핵심판 절차가 진행됨에 따라 박근혜 대통령의 탄핵심판 인용을 요구하는 촛불집회와 탄핵반대시위의 충돌 가능성이 고조되었다. 또 탄핵 선고 이후 박근혜 대통령의 모호한 입장발표로 탄핵 불복과 이로 인한 사회적 혼란에 대한 우려도 고조되었다. 그러나 탄핵 선고 직후 황교안 대통령 권한대행은 "헌법재판소의 결정을 존중한다"고 밝혔고, 여야가 모두 탄핵 불복은 헌법 모독이자 반헌법세력으로 규정했다. 헌재의 결정을 수용해야 한다는 거의 90%에 달하는 압도적 여론이 이를 뒷받침했다.

촛불혁명과 탄핵, 그리고 문재인 정부의 출범까지 국회는 삼권분립의 제도적 축으로 뚜렷한 절차적 기능을 수행했다. 헌법재판소는 헌법과 헌법재판소법에 따라 헌법기관으로서의 탄핵심판 절차를 독립적으로 집행했다. 촛불혁명의 과정은 삼권분립으로 강화된 민주주의의 공고화를 확인하는 과정이기도 했다. 탄핵 이후 평화적이고 공정한 선거

---

26 민주당 백서, 62~63쪽.
27 이준한(2017.12.8), "박근혜 국회탄핵의 역사적 의미와 한국정치에 대한 함의", 더미래연구소, 우상호의원실 주최 '박근혜 탄핵소추안 가결 1주년 토론회'.

를 거친 문재인 정부의 출범은 "민주적 선거가 대한민국의 유일한 게임"으로 정착됨으로써 한국사회가 훨씬 더 공고화된 민주주의에 도달했다는 점을 보여주고 있다.

제4장 문재인 정부의 국정철학과 비전

I. 국정철학

1. 헌법 제1조의 민주주의

　문재인 정부의 국정철학은 무엇보다도 촛불혁명의 정신에서 찾아야 한다. 2016년 겨울부터 2017년 봄에 걸친 긴 투쟁 과정에는 다양한 시민들의 다양한 주장과 구호가 표출되었다. 그러나 문제의 원천이 박근혜 대통령과 그 주변의 국정농단과 국가권력의 사유화라는 진단과 함께 시민의 뜻이 대통령 탄핵으로 모아지면서 가장 뚜렷하고도 일관되게 주장된 것은 헌법가치의 수호였다. '이게 나라냐?'라는 가장 근본적 질문이 공유되었고, '나라다운 나라'에 대한 바람이 거대한 저항의 목적이 되었다. 촛불시민이 가장 많이 외친 구호가 '헌법 제1조'의 정신이었고, 모든 근본적 답이 '헌법 제1조'의 정신에 담겨 있었다.

　"2016년 혹독한 겨울 한파 속에서 이뤄진 한국의 촛불혁명은 '나라다운 나라'란 과연 무엇인가를 물으며 시작되었습니다. …(중략)… 단 한 번의 폭력사건 없이 한국의 국민들은 2017년 3월 헌법적 가치를 위반한 권력을 권좌에서 끌어내렸습니다. 가장 평범한 사람들이 가장 평화로운 방법으로 민주주의를 지켜냈습니다

(문재인 대통령 프랑크푸르트 알게마이네 차이퉁(FAZ) 기고문, "평범함의 위대함" 2019.5.7)."

"피청구인에 대한 파면 결정은 자유민주적 기본질서를 기반으로 한 헌법 질서를 수호하기 위한 것이며, 우리와 우리 자손이 살아가야 할 대한민국에서 정의를 바로 세우고 비선 조직의 국정개입, 대통령의 권한 남용, 정경유착과 같은 정치적 폐습을 청산하기 위한 것이다(2017.3.10, 대통령(박근혜) 탄핵. 2016헌나1. 〈국가법령정보센터〉)."

문재인 정부 국정철학의 근본은 헌법 제1조의 정신이다. 대한민국 헌법 제1조는 제1항 "대한민국은 민주공화국이다"와 제2항 "대한민국의 주권은 국민에게 있고, 모든 권력은 국민으로부터 나온다"로 구성되어 있다. 촛불시민이 "대한민국은 민주공화국"이라고 외치고, "모든 권력은 국민으로부터 나온다"라고 주창한 것은 '헌정주의'의 복원을 의미한다. 아울러 헌정주의의 핵심가치가 국민으로부터 나오지 않은 어떤 권력도 용인할 수 없다는 헌법 제1조에 담겨 있다. 헌정주의는 "국민의 자유와 권리가 국가권력으로부터 침해당하지 않도록 보호하기 위하여 통치 관계를 헌법에 규정하고, 국가가 국민에 대하여 행하는 권력작용을 헌법에 구속되도록 하는 '헌법에 의한 통치'의 원리"[28]이다. 촛불정신이 문재인 정부 국정철학의 원천이라고 할 때 촛불정신의 근간이 바로 헌법에 의한 통치로서의 헌정주의의 복원이라

---

28 김철수, 헌법학(상), 박영사, 2009, 3; 헌법학(중), 박영사, 2009, 70 참조.

고 할 수 있다. 따라서 '헌정주의의 복원'은 헌법 제1조와 관련된 촛불 정신의 근본적 지향이라고도 할 수 있다.

헌법 제1조에는 헌정주의가 추구할 대한민국의 헌법적 가치가 응축적으로 제시되어 있다. 무엇보다도 헌법 제1조 제1항에 제시된 "대한민국은 민주공화국이다"에 담긴 '공화적 민주주의'의 가치야말로 대한민국 헌법의 근본이념이다. 공화제는 정치공동체의 공존을 위해 공공적 가치를 공유하는 질서다. 게다가 민주적 공화제는 공동체 구성원 누구도 배제되거나 차별받지 않는 시민 중심의 공공성을 추구하는 질서다. 민주공화제는 '공화적 협력'으로 유지되고 번성한다. 이념과 가치와 생각이 다르더라도 서로의 존재를 인정하고 경쟁하며 공존을 추구하는 것이 공화적 협력의 질서다.[29] 대한민국의 정체를 규정한 '민주공화제'는 1919년 4월 11일 대한민국 임시정부 임시헌장에서 천명한 이래 백년이 넘는 시간 동안 변함없이 추구했던 헌법가치다. 대한민국 헌법은 1948년 7월 17일 제헌 국회에서 제정된 이후 총 9차례에 걸쳐 개정되었다. 또한, 통치자의 장기 집권 욕망과 정치화된 군부의 쿠데타로 여러 차례 헌정 중단 사태를 맞기도 했다. 그러나 〈표 7〉에서 보듯이 대한민국 임시헌장에서 처음으로 등장했던 헌법 제1조 제1항만은 지난 100년 동안 기본 문장과 근본 취지가 단 한 차례도 변경된 적이 없다.

---

29 조대엽(2019), "백년의 시민, 노동의 미래: 공화적 협력의 시대를 어떻게 열 것인가?", 『노동연구』 제38집.

<표 7> 대한민국 헌법 제1조의 변천사

명칭	제정년도	내용
대한민국임시헌장	1919.4.11	제1조 대한민국은 민주공화제로 함.
임시헌법	1919.9.11	제1조 대한민국은 대한인민으로 조직함.
임시헌장	1925.4.7	제1조 대한민국은 민주공화국임.
임시약헌	1927.3.5	제1조 대한민국은 민주공화국이며, 국권은 인민에게 있다.
임시약헌	1940.10.9	제1조 대한민국의 국권은 국민에게 있되, 광복 완성 전에는 광복운동자 전체에 있다.
임시헌장	1944.4.22	제1조 대한민국은 민주공화국임.
대한민국헌법	1948.7.17	제1조 대한민국은 민주공화국이다.

출처: 김동훈(2011, 254)에서 재인용.

1919년 대한민국 임시헌장에서 "대한민국은 민주공화제로 함"이라고 밝힌 것은 무엇보다 국호를 '대한제국'에서 '대한민국'으로 하고 '민주주의'를 헌법이념으로 채택했으며 보다 구체적인 정체를 '민주공화제'로 삼은 것이다. 헌법 제1조 제2항은 민주주의라는 헌법이념의 기본원리를 '국민주권주의'로 명시했다. "대한민국의 주권은 국민에게 있고 모든 권력은 국민으로부터 나온다"라는 조항은 국민주권의 민주주의를 보다 분명하게 못 박은 것이다.

요컨대 촛불정신을 담은 문재인 정부 국정철학의 제1요소는 '헌법 제1조의 민주주의'라고 할 수 있다. '헌법 제1조의 민주주의'에는 헌법가치를 지키고자 하는 '헌정주의의 복원'과 함께 헌법 제1조가 담고 있는 핵심가치로서의 '공화적 민주주의'와 '국민주권의 민주주의'라는 세 가지 핵심가치가 반영되어 있다. 헌법 제1조의 민주주의에 담긴 세 가지 핵심가치는 무엇보다도 '사람이 먼저다'라는 문재인 대통령의 일관된 정치철학과 닿아 있다. '사람이 먼저다'에서부터 '사람중심경제', '노동존중사회', '휴먼뉴딜'에 이르기까지 문재인 대통령의 통치철학은 헌법 제1조의 민주주의와 일관된 연속선에 있고, 문재인 정부의 국가비전 '국민의 나라'에 응축되어 있다.

2. 사람이 먼저다: 평등, 공정, 정의

문재인 정부 국정철학의 근간이 되는 또 하나의 핵심가치는 '정의'의 윤리다. 정의로운 질서는 문재인 대통령의 오랜 신념이자 중심적 정치사상이다. 동서고금의 모든 정치권력이 추구하는 정치적 명분과 정치적 이상은 '정의'에 있다. 사상적 '자유'나 학문적 '진리'와는 다른 맥락에서 '정의'의 윤리는 사회적이고 제도적인 현실 속에서 '옳은 것'을 지향한다. 사회적으로 옳고 그름은 공동체구성원 다수의 집합적 의지로 결정될 수밖에 없으니 시대와 사회에 따라 '정의'는 다양하게 구현될 수 있다. 그럼에도 불구하고 대부분의 사회구성원이 공유하고 있는 사실은 사회적 약자를 배제하지 않는 것이 정의로운 질서의 핵심요소라는 점이다. 그래서 대부분의 사회에서 아래로부터의 저항행동은 광범한 사회적 배제에 대한 저항이자 사회적 부정의(injustice)에 대한 저항이었다.

'사람이 먼저다'라는 문재인 대통령 고유의 정치슬로건은 '정의'의 정치철학을 잘 담고 있다. '사람이 먼저인 세상'은 차별과 격차가 없이 모든 사람이 존엄한 세상을 의미한다. 권력과 위세와 계급이 먼저가 아닌 세상, 사회적 약자가 배제되지 않는 질서를 말한다. 그래서 사람이 먼저인 세상은 곧 정의로운 세상이다. 문재인 대통령의 이 같은 정의의 정치철학은 사회적 약자와 함께 했던 경험에서 내면화된 사상으로 중요한 정치적 장면에서 일관되게 천명되었고, 마침내 '기회는 평등하고, 과정은 공정하며, 결과는 정의로울 것'이라는 국정운영의 근본철학으로 자리 잡았다.

> "문재인과 더불어, 민주당 정부에서 **기회는 평등할 것입니다. 과정은 공정할 것입니다. 결과는 정의로울 것입니다.** 공정한 대통령이 되겠습니다. 특권과 반칙이 없는 세상을 만들겠습니다. 상식대로 해야 이득을 보는 세상을 만들겠습니다(문재인 대통령, 취임 선서, 2017.5.10)."

정의로운 사회적 결과를 만드는 것은 평등한 기회와 공정한 과정의 질서다. 그래서 정의를 구성하는 핵심적 실천윤리는 '평등'과 '공정'이다. 현대 인류의 정치적 이상은 개인의 자유와 공동체적 공존을 균형적으로 유지하고 보장하는 질서다. 과도한 개인의 자유는 공존의 질서를 훼손하며, 과도한 공존의 강요는 개인적 욕구와 창의를 억압할 수 있다. 여기서 '평등'의 윤리적 수준이 결정된다. 개인과 공동체의 균형을 지향하는 이상적 질서에서 '평등'은 일반적으로 '기회의 평등'을 의미한다. 능력과 자질의 개인 간 차이를 인정하는 가운데 모든 이에게 적어도 기회구조는 열어줌으로써 기회와 출발의 공평성을 보장하는 것이 현실적으로 좋은 세상이고, 개방된 사회의 제도적 평등의 수준이다. 더 많은 평등은 사회적 합의와 선택의 문제이고 국가와 사회형태의 문제로 남는다.

기회의 평등은 곧 '공정'의 실천윤리와 닿는다. 공정의 질서는 자유로운 경쟁을 보장하는 조건이며 기회의 동등성과 사회적 출발의 공평성을 제도적으로 갖추는 데 있다. 이 점에서 기회의 평등, 즉 공정의

가치는 '사회적 조건의 윤리'이며 '정당한(정의로운) 자유의 철학'을 반영하고 있다. 문재인 대통령이 강조하는 "기회는 평등하고, 과정은 공정하며, 결과는 정의로울 것"이라는 표현은 기회와 과정과 결과를 서로 분리해서 설명하는 논리라기보다는, 정의로운 질서가 되기 위해서는 평등한 기회라고 하는 조건을 갖춘 공정한 과정이 전제되어야 한다는 것으로 해석할 수 있다. 말하자면 기회의 평등이 보장되는 과정이야말로 공정의 질서이며, 공정의 질서야말로 정의를 구성하는 실천윤리이자 사람이 먼저인 세상의 핵심윤리다.

사람이 먼저인 정의로운 세상은 평등과 공정의 윤리만으로 완성될 수 없다. 평등과 공정의 윤리를 지탱하는 부가적 실천윤리가 요구된다. 문재인 정부의 최상위 국가비전 '국민의 나라, 정의로운 대한민국'는 5대 국정목표와 20대 국정전략, 그리고 100대 실천과제를 포괄한다. 이 같은 국가비전체계에는 평등과 공정의 윤리뿐만 아니라 '책임'과 '협력'의 윤리가 포괄되어 있다.

'책임'(responsibility)은 사회적 요구와 실천, 규범에 대한 개인·집단·제도의 응답이다. 책임의 윤리는 개인주의와 자유주의에 바탕을 둘 경우 자율적 행위의 결과에 대한 사회적 규율로 작동하며, 사회적 수준에서 국가수준에 이르기까지 다양한 수준의 공적 권위의 체계는 사회적 책임의 위계를 구성한다. 바로 이 같은 책임의 위계에 따라 행위의 결과에 대한 도덕적, 법적 책임이 서로 다른 수준으로 작동한다. 가장 높은 수준으로 제도화된 국가공공성은 국민의 생명과 안전에 대한 책임으로 응답해야 하며, 사회적 약자에 대한 복지의 확충을 통해 사회경제적 불평등에 대한 책임으로 응답해야 한다. 이런 점에서 책임의 윤리는 '사회적 결과의 윤리'이며, '정당한(정의로운) 부담의 철학'이라고 말할 수 있다. '내 삶을 책임지는 국가'를 비롯한 문재인 정부의 5대 국정목표는 대부분 책임의 윤리를 반영하고 있다.

'협력'(cooperation)의 윤리는 사회구성원들 간의 상호인정과 신뢰를 기반으로 만들어질 수 있는 공존과 상생과 포용의 실천양식이다. 두 번의 세계대전 이후 이념의 실패와 시장의 실패라는 두 번의 세계사적 실패에 이어 인류는 현재 지구적 생명권의 실패라는 거대하고도 복합적 실패를 경험하고 있다. 세 번의 거대한 실패에 대한 대안의 윤리는 '협력'이다. 정치적 타협이나 협치의 수준을 넘어서는 사회적 연대와 사회적 협력의 질서가 절실한 시대과제가 되었다. 협력은 상호적 과제이기 때문에 무엇보다도 호혜적 조건을 갖추어야 가능하다. 따라서 협력의 윤리는 불평등과 불균형을 넘어 적대와 대결을 봉합하는 '사회적 통합의 윤리'이며 '정당한(정의로운) 호혜의 철학'이라고 할 수 있다.

'사람이 먼저다'라는 문재인 대통령의 핵심사상은 정의의 정치철학을 반영한다. 따라서 사람이 먼저인 정의로운 세상은 정의를 구성하는 핵심요소로서의 평등과 공정의 실천윤리로 구축되며, 책임과 협력의 부가적 가치로 실현된다. 이 같은 정의의 국정철학, 혹은 문재인 대통령의 '정의론'은 '헌법 제1조의 민주주의'와 함께 문재인 정부의 양대 국정철학으로 작동했다. 문재인 정부의 이 같은 국정철학은 대한민국의 역사와 현실의 조건, 나아가 미래가치를 반영한 가장 광범하고도 정확한 국가비전의 기초로 간주된다.

Ⅱ. 국가비전

1. 국민의 나라, 정의로운 대한민국[30]

문재인 정부의 비전체계에서 최상위의 국가비전은 '국민의 나라, 정의로운 대한민국'이다. 문재인 정부 국정철학의 핵심개념이라고 할 수 있는 '헌법 제1조의 민주주의'와 '정의의 정치철학'을 담은 이 국가 비전은 5대 국정목표와 20대 국정전략, 그리고 100대 실천과제를 포괄하고 있다. 나아가 '국민의 나라, 정의로운 대한민국'의 국가비전은 문재인 정부 5년간 시기별로 정책 환경의 변화에 따라 구체화된 비전으로 분화하기도 했다.

> "이제, 6·10민주항쟁에서 시작해 촛불혁명으로 이어져온 국민주권 시대는 평화의 한반도에서 다양한 얼굴의 민주주의로 실현될 것입니다. 각자의 자리에서 지켜가고 만들어가는 민주주의를 응원합니다. 정부도 더 좋은 민주주의를 위해 더욱 노력하겠습니다 (6·10민주항쟁 31주년 기념사, 2018.6.10)."

'국민의 나라'는 국민이 통치의 대상이나 객체가 아니라 권력과 결정의 주체라는 인식의 전환 선언이다. 민주화 이후에도 대부분의 정부는 국민을 통치의 대상으로 여기거나, '국민성공시대', '국민행복시대' 등의 표현에서 보듯이 국민을 개인의 성공과 행복만을 추구하는 소비

---

30 국정기획자문위원회, 41~45쪽.

자나 고객으로 인식하는 경향이 있었다. 2016년 촛불혁명과 문재인 정부의 출범은 국민이 통치의 대상이 아닌 나라의 주인이자 정치의 실질적 주체로 등장하는 '국민주권 시대'의 도래를 예고하였다.

'국민의 나라'는 주권자인 국민 스스로 자신을 대표하는 정치의 시대인 동시에 헌법 제1조가 함의하는 국민주권의 시대를 의미한다. 국민주권 시대의 선언은 세 가지 의미를 갖고 있다. 첫째는, 집합체로서의 국민과 더불어 실질적 주권자로서의 개별 국민에 대한 강조이다. 근대적 국민이 집합적 의미의 국민과 국가 구성원으로서의 국민을 강조한 데 비해 주권자로서 국민은 '대표되는 국민주권'의 의미를 넘어 '개개인의 국민주권'을 강조한다. 주권자 국민은 '나'를 대표하지 못하는 기존 정치의 한계를 벗어나, 국민 개개인이 권력의 생성과 과정에 직접 참여하고 결정하는 새로운 국민의 출현을 의미한다.

둘째, 국가 중심의 민주주의에서 국민 중심의 민주주의로의 전환이다. 1987년 이후 열린 민주화 시대는 절차적 민주주의 성과에도 불구하고 엘리트 중심의 정치와 국가 중심의 국정운영이라는 한계를 드러냈으며, 이제는 국민 중심의 민주주의로의 이행이 필요한 시점이다. 현재의 민주주의 위기를 극복하는 방안도 정부와 정치의 본래 목적인 국민 중심의 민주주의가 실현되는 국정운영의 회복에 달려 있다. 국민 중심의 민주주의는 선거나 대표자 위임에 국한되지 않고 '나로부터 행사되고, 어디에나 행사되며, 늘 행사되도록 하는' 국민주권의 실질적 행사가 이루어지는 '주권자 민주주의'의 실현을 의미한다.

〈표 8〉 국가 중심 민주주의와 국민 중심 민주주의의 비교

구분	국가 중심의 민주주의	국민 중심의 민주주의
국민의 성격	근대적 국민	주권자 국민
국민-국가 관계	국가 구성원으로서 국민	국가를 형성하는 국민
국민주권의 특성	대표되는 국민주권	개개인의 국민주권
권력의 성격	위임된 권력	생성적 권력
참여 방식	제도화된 국민참여	일상적인 국민주권 행사
주권 실현 방식	참정권, 투표권	국민제안, 국민숙의, 국민결정
역사적 사건	1987년 6월항쟁	2016년 촛불집회
사건의 의미	국민주권의 통로·제도 구축	아래로부터의 국민주권 표출
민주주의 형태	제도 민주주의	일상 민주주의
정치-시민 관계	제도정치와 시민사회의 괴리	제도정치와 시민사회의 연계
시민참여 기반	조직화된 시민사회 기반	자발적 개인들의 네트워크

셋째, '국민의 나라'라는 담론은 정당·선거·의회와 관련된 대의민주주의와 더불어 삶의 터전인 직장·지역·학교에서 이루어지는 아래로부터의 민주주의, 숙의와 참여의 직접민주주의, 일상의 민주주의, 과정의 민주주의, 풀뿌리 민주주의 등의 의미를 반영하고 있다.

[그림 5] '국민의 나라'가 지향하는 민주주의

'정의로운 대한민국'은 특권과 반칙을 일소하고, 원칙과 상식이 존중되며, 누구에게나 공정한 기회가 보장되고, 차별과 격차를 해소하는 새로운 대한민국의 실현을 의미한다. 정의로운 대한민국이 국가비전

으로 등장한 계기는 2014년 세월호 참사와 2016년의 촛불혁명이었다. 두 사건은 국가가 무엇을 위해 존재하며, 권력이 어떻게 행사되어야 하는가를 일깨워 새로운 시대정신을 드러낸 계기라고 할 수 있다. 사유화된 국가권력과 무능한 정부에 대한 분노, 불공정한 기회에 대한 불만, 격차 확대로 인한 희망의 상실, 이로 인한 개인과 사회 모두의 불안이 우리 사회의 불행한 현주소였다. 이를 극복하기 위한 공동체의 염원인 '정의'는 국민의 마음을 관통하는 분노와 불안의 극복, 적폐청산과 민생 개혁의 요구를 담아내는 핵심가치이자 최우선의 시대적 과제이다.

'평등한 기회, 공정한 과정, 정의로운 결과'는 문재인 대통령의 국정철학에서 가장 우선하는 원칙이며 새로운 정부의 핵심가치로서, 정의로운 대한민국의 핵심슬로건이 되었다. 문재인 대통령의 확고한 정치철학과 신념을 담고 있는 "기회의 평등, 과정의 공정, 결과가 정의로운 나라"라는 표현은 이미 제18대 대선 출마 선언 때 '공평'과 '정의'가 국정운영의 근본이 될 것을 강조하면서 제시한 말이었다. 2012년 출마 선언에서는 "특권과 반칙은 결코 용납하지 않을 것"이고 "특권층이나 힘 있는 사람들의 범죄는 더욱 엄중하게 처벌할 것"임을 분명히 했다. 2017년의 19대 대통령 취임식에서도 마찬가지로 "공정한 대통령"이 되겠다고 약속하면서, 구체적으로는 "특권과 반칙이 없는 세상"과 "상식대로 해야 이득을 보는 세상"을 만들겠다고 반복하여 강조했다. 결국, "기회는 평등할 것입니다. 과정은 공정할 것입니다. 결과는 정의로울 것"이라는 선언은 대통령과 정부가 솔선수범하여 "특권과 반칙이 없는 세상"을 만들겠다는 약속이었다.

2. 국가비전의 실천적 분화

1) 혁신적 포용국가

'국민의 나라, 정의로운 대한민국'이라는 문재인 정부 최상위 국가비전은 문재인 정부의 국정운영 과정에서 다양한 실천적 비전으로 구체화되었다. 문재인 정부는 다른 어떤 정부보다 많은 국정의 위기국면을 맞았다. 거듭되는 위기에 대응하고 미래를 준비하는 과정에서 새로운 출구를 여는 실천적 비전들이 구체화됨으로써 국정운영의 방향이 설정되었다. 문재인 정부가 맞은 위기의 성격과 시기적 특성을 반영한 주요비전들로는 '혁신적 포용국가', '포용적 회복과 도약', '세계선도국가' 등에 주목할 수 있다.

집권 1년을 넘어선 2018년 하반기 시점에 이르러 문재인 대통령은 포용과 혁신을 강조하였고, 새로운 국정운영의 지침으로서 '혁신적 포용 국가'를 제시하였다. 물론 여기에는 여전히 심각한 경제적 불균형과 정치적 양극화, 그리고 성·세대 등 사회갈등을 적극적으로 해결하겠다는 정부의 강력한 의지가 담겨 있었다.

"한국은 빠른 경제성장과 민주화를 함께 이뤘지만, 그 과정에서 양극화와 경제적 불평등이 심화되었습니다. 우리 정부는 그 문제의 근원적 해결을 위해 **"다함께 잘사는 혁신적 포용국가"**를 새로운 국가 비전으로 채택했습니다. 한국 정부가 추구하는 포용은 포용적 성장, 포용적 사회, 포용적 민주주의에 이르기까지 '배제하지 않는 포용'입니다. 국민 모두가 함께 잘 살고, 공정한 기회와 정의로운 결과가 보장되며 성별, 지역, 계층, 연령에 상관없이 국민 단 한 사람도 차별받지 않는 포용입니다(문재인 대통령, APEC 정상회의 발언문, 2018.11.18)."

문재인 대통령의 '혁신적 포용 국가'에 관한 최초의 공식적인 언급은 '포용 국가 전략회의' 모두발언'(2018.9.6)에서 있었다.[31] 이 자리에서 대통령은 지난 1년여 간 국민의 더 나은 삶을 위해 다양한 사회정책을 추진하였지만, "소득 불평등과 양극화는 아직 개선되지 않았고, 다수 국민에게 희생을 강요하는 불평등 사회구조도 그대로"라고 진단했다. 그리고 이를 개선하기 위해 "모든 국민이 안심하고 살아갈 수 있도록 사회안전망과 복지를 강화하고, 공정한 기회와 정의로운 결과를 보장하며, 지역·성·노동·인권에서의 차별 극복"을 약속했다.

주지하듯이 포용의 가치는 공동체 구성원 누구에게나 안정된 삶을 보장함으로써 자유를 증진시키고 다양성이 발현될 수 있도록 제도와 환경을 제공함으로써 실현된다. 혁신의 가치는 삶의 모든 영역에서 이전보다 나은 새로운 과정과 결과, 가치를 창출하여 성장과 사회문제 해결에 기여한다. 혁신과 포용을 기조로 한 혁신적 포용 국가의 비전은 우리만의 고민이 아니라 세계적 흐름을 반영한 것이다. 〈표 9〉에서 알 수 있듯이 선진국이나 국제기구들은 이미 사회의 '포용성' 향상과 '혁신능력' 배양을 장기적 국가 발전의 핵심 요소로 보고 적극적 경제 사회정책의 중요성을 강조했다. 이러한 흐름은 개별 국가를 넘어서 국제기구로 확산되는 추세에 있다. 4차 산업혁명의 이슈를 선도하고 있는 세계경제포럼(WEF)은 매년 103개 국가를 대상으로 포용 발전 지수

---

31 https://www1.president.go.kr/articles/4176.

(Inclusive Development Index)를 발표하고 있다. 이 지수(IDI)는 전통적인 성장뿐만 아니라 세대 간 평등(intergenerational equity), 그리고 포용성으로 이루어져 있는데, 2018년 우리나라의 성적은 선진 경제 30개 국가 가운데 16위를 기록했다. 그러나 포용성(inclusion) 항목만 보면 하위권인 22위에 머물렀다. 또한 유엔개발계획(UNDP)도 평화를 지속하고 갈등을 예방하며, 구조적 불평등을 치유할 핵심 개념으로 포용적 정치과정(IPP: Inclusive Political Process)이라는 개념을 사용하고 있다. 여기에는 의회 발전, 헌법과 선거의 개혁, 시민참여, 여성의 평등한 정치참여 등이 핵심 요소로 설정되어 있다.

〈표 9〉 국제사회에서 혁신적 포용국가의 발전 현황

국제 기구	논의 내용
World Bank, IMF	• 포용적 성장: 불평등의 확대는 장기적으로 경제성장 방해 • 기회의 평등을 위한 사회정책의 강조 • 인적자본 강화를 통한 혁신의 중요성 부각
OECD	• 포용적 성장: 불평등이 장기 성장 저해 • 삶의 질 지수(Better Life Index): 1인당 GDP 외 환경, 고용, 문화 등 사회지표의 개선 강조 • 인적자본 강화, 성별격차 해소의 중요성 강조
ILO	• 소득주도 성장: 소득분배 및 사회보장 강화를 통한 경제성장 제고 • 변화된 경제사회 환경에서 '사회보호 최저기준' 재정립(202호 권고)
EU	• 사회투자 패러다임: 생산적 요소로서 사회정책*과 성평등 정책의 중요성 강조 • 교육·직업훈련, 아동 보육 • 사회투자를 통한 사회혁신이 지속가능한 사회를 달성
UN	• 지속가능발전(SDGs): 환경, 사회, 경제의 선순환적 발전 강조 • 경제목표 외 빈곤, 성평등, 환경, 교육 등 17개 목표 제시

출처: 교육부 사회정책협력관실. 혁신적 포용국가(http://www.inclusivekorea.go.kr/info1000.jsp).

혁신적 포용 국가는 문재인 정부의 국가비전 '국민의 나라, 정의로운 대한민국'이 실천적으로 진화한 개념이다. 그 단초는 출범 당시의 국정과제였던 '모두가 누리는 포용적 복지국가'였다. '포용적 복지국가'(Inclusive Welfare State)는 과거 신자유주의 복지개혁을 강력하게 권고했던 IMF와 OECD도 불평등 증대와 사회경제적 양극화가 심화되고 있는 현실을 극복하기 위해 강력히 제창한 표준화된 복지 모델이라고 할 수 있다. 나아가 문재인 정부 사회경제정책의 핵심방향이었던 소득주도성장, 혁신성장, 공정경제의 세 축이 '혁신적 포용국가'의 비전으로 포괄된 것으로도 볼 수 있다.

2) 포용적 회복과 도약

문재인 정부가 겪은 가장 크고 광범한 위기는 코로나 19로 인한 방역과 경제의 위기였다. 코로나 바이러스는 세계 각국이 현재의 백신과 치료약으로는 감당하기 어렵게 새로운 변종으로 거듭 확산되었다. 코로나 바이러스에 대응해 국민의 생명을 지키고, 단절된 일상을 회복함으로써 경제를 다시 살리고 새로운 도약을 이루는 일이 문재인 정부 최대의 국정과제가 되었다. 2021년을 전후로 해서 방역과 경제회복에 대한 열망이 높아지면서 '회복과 도약'은 포스트코로나 시대의 절체절명한 시대적 과제가 되었다. 여기에 회복과 도약은 포스트코로나 시대의 디지털 전환과 탄소중립시대의 산업 전환과정에서 낙오자 없는 정의로운 전환의 과제가 추가됨으로써 '포용적 회복과 도약'의 비전으로 강조되었다. 문재인 정부 국가비전 '국민의 나라, 정의로운 대한민국'이 구체적으로 진화된 또 하나의 비전이라고 말할 수 있다.

회복과 도약에는 코로나19에 대한 적극적 대응능력과 위기 극복에 대한 강한 의지와 자신감이 반영되어 있다. 2020년 초 느닷없이 닥친 코로나19 위기 탓에 세계 경제는 극심한 침체와 구조적 대변혁을 마주했다. 우리 경제도 어려움을 피해갈 수 없었다. 팬데믹 위기 전까지만 해도 글로벌 경기·교역 회복으로 성장세가 개선돼 '사람 중심 경제'로의 패러다임 전환이 빨라질 것으로 기대했는데, 대공황 이후 최악의 글로벌 경제위기가 닥친 것이다. 정부는 신속히 움직였고 모든 국민이 적극적으로 협조하였다.[32]

정부는 '3T 전략'(진단검사-역학조사-신속한 치료)과 사회적 거리 두기 정책을 시행하였고, 여기에 시민들의 적극적 협조와 희생이 더해지면서 효과적으로 유행 확산을 억제할 수 있었다. 또한, 정부-의료진-국민의 삼각 협력 덕분에 세계 어느 나라보다 빠른 접종 속도를 기록하였다.[33] 이 과정에서 문재인 대통령은 비상경제회의를 8차례나 직접 주재하였고, 정부는 6차례에 걸친 추경예산을 편성·집행하였다.

포용적 회복과 도약은 코로나19 이전 상황으로의 복귀나 회귀를 의미하는 것이 아니라는 점이 중요하다. 문재인 대통령은 코로나19에 맞선 'K-방역' 성과를 설명하면서, 우리의 가장 중요한 목표인 '회복'은 단순히 과거로의 복귀가 아니라 미래로의 도약을 준비하는 회복임

---

32 대한민국정부, 『대한민국 대전환과 도약의 길: 문재인 정부 50대 정책 핵심 보고서』.

33 국내 코로나19 백신 1차 접종률이 50%에서 70%로 오르기까지 걸린 시간은 28일(2021년 8월 21일~9월 17일)이다. 일본(44일), 프랑스(54일), 영국(118일) 등에 비해 속도도 빠를뿐더러 누적 1차 접종률을 비교해도 이들 국가를 모두 앞섰다(경향, 2021.09.30). https://www.khan.co.kr/national/health-welfare/article/202109302103005

을 강조했다.[34] 그 회복과 도약을 위한 보다 웅대한 설계도가 바로 한국판 뉴딜이다. 2020년 코로나 19의 확산은 세계 경제를 멈춰 세웠고, 그동안 당연했던 일상도 사라지게 되었다. 세계 각국은 현재의 경기침체를 극복하고, 포스트코로나 이후 달라질 미래를 대비해야 하는 두 가지 과제를 갖게 되었다. 우리 정부가 꺼내든 해답은 디지털과 그린(친환경) 분야에 집중 투자하고 안전망을 강화하는 '한국판 뉴딜'이었다.

> "정부는 오늘, 새로운 대한민국의 미래를 여는 약속으로, 한국판 뉴딜의 담대한 구상과 계획을 발표합니다. 한국판 뉴딜은 선도국가로 도약하는 '대한민국 대전환' 선언입니다. 추격형 경제에서 선도형 경제로, 탄소의존 경제에서 저탄소 경제로, 불평등사회에서 포용 사회로, 대한민국을 근본적으로 바꾸겠다는 정부의 강력한 의지입니다. 한국판 뉴딜은, 대한민국 새로운 100년의 설계입니다(한국판 뉴딜 국민보고대회 기조연설, 2020.7.14)."

먼저, 문재인 정부는 한국판 뉴딜의 한 축으로 디지털 뉴딜을 제시했다. 코로나19 위기 극복을 넘어 우리가 가진 세계 최고 수준의 디지털 역량을 전 산업 분야에 결합하여 우리 경제를 '추격형 경제'에서 '선도형 경제'로 도약하는 것을 목표로 삼았다. 다른 하나는 코로나19 이후 기후·생태위기 대응이 세계적 이슈로 부상할 것이라는 전망 하에 마련한 그린 뉴딜이었다. 우리 경제를 탄소 중립 경제로 전환시키

---

34 제5회 국무회의 모두발언 [2021-02-02]

기 위해 선제적 투자를 하고, 이를 통해 국가의 신성장 동력을 마련한 다는 것이다. 디지털 뉴딜, 그린뉴딜과 함께 휴먼뉴딜은 사회안전망과 고용안전망을 강화하고, 교육과 돌봄시스템을 혁신함으로써 포용사회의 기반을 넓히는 한국판 뉴딜의 세 번째 축이다.

포스트코로나 시대는 단순히 코로나라는 감염병을 넘어선 시대를 의미하는 것이 아니다. 코로나19의 출현과 함께 인류는 사회적 거리 두기를 비롯한 바이러스 대응양식과 함께 삶의 새로운 양식을 시작한 셈이다. 신문명의 시대이자 뉴노멀의 시대이다. 한국판 뉴딜은 포용적 회복과 도약을 통해 포스트코로나 시대의 새로운 질서를 구축하기 위한 종합적 국가전환 정책이자 국가혁신 전략이다.

3) 세계선도국가[35]

코로나19가 장기화되면서 문재인 정부의 국가비전은 '세계선도국가'로 진화했다. 코로나19 바이러스가 변종으로 확산되기 전에 대한민국은 방역 모범국가로 세계의 주목을 받았다. 3T 전략과 함께 유전자 증폭방식의 코로나19 진단기법이 ISO 국제표준으로 지정되었을 뿐만 아니라 드라이브 스루방식, 생활치료소 등은 새로운 표준이 되었다. 포스트코로나 시대는 새로운 세계를 선도할 수 있는 새로운 표준이 절실한 시대이다. 문재인 정부는 선도방역에 이어 선도경제를 이끌 수 있다는 자신감이 있었고 대한민국이 포스트코로나 시대 세계의 모범이자 표준국가로서의 선도국으로 나아가고자 했다.

---

35 대통령직속 정책기획위원회, 〈한국판 뉴딜: 비전과 전략〉.

"국민 여러분, 저는 남은 임기 동안, 국민과 함께 국난 극복에 매진하면서 위기를 기회로 바꾸는 데 전력을 다하겠습니다. **세계를 선도하는** 대한민국의 길을 열어나가겠습니다. 첫째, 선도형 경제로 포스트 코로나 시대를 개척하겠습니다. …중략… 넷째, 사람의 생명과 안전을 우선하는 연대와 협력의 국제질서를 선도해 나가겠습니다(문재인 대통령 취임 3주년 특별연설 2020.5.10)."

선도국 개념에는 코로나19로 인한 지구적 위기와 성장 중심의 선진국 패러다임에 대한 비판적 성찰이 있었다. 코로나19는 집중화한 성장경제 체계의 실패, 시장주의에 물든 의료·생명·안전 체제의 실패, 그리고 고도로 개인화된 정치·사회 질서의 실패를 여실히 보여주었다. 또한, 기존의 서열구조의 정점에 있는 선진국들조차 이러한 위기 극복에 무력하다는 사실을 확인시켜 주었다. 게다가 자국이기주의로 인한 교역질서의 위기, 생태파괴가 드러내는 기후와 보건 위기, 그리고 핵무기와 원전의 위협을 포함한 핵 위기 등 일국의 수준을 넘은 지구적 위기는 날로 심화되고 있었다. 결국, 문재인 정부는 기존의 선진국 패러다임으로는 지구적 위기와 불확실한 세계질서를 이끌 수 없으며, 이제 세계사회를 선도할 수 있는 새로운 표준, 즉 세계선도국가의 필요성을 제시한 셈이다.

〈표 10〉 선진국 패러다임과 선도국 패러다임의 비교

구분	선진국 패러다임	선도국 패러다임
시기	코로나 팬데믹 이전	포스트코로나 시대
세계질서	수직적 구조 (강대국 중심의 국제분업구조/GVC)	수평적 구조 (GVC의 재편)

발전가치	효율주의/성장주의/경쟁우위	사람과 생명가치/지구정의
선진/선도 지표	경제지표의 우위적 지위	다양한 영역의 새로운 표준
리더십	경제지원과 군사동맹의 서열	지구적 협력과 연대

　문재인 정부 정책기획위원회는 기존의 세계질서를 지배했던 선진국 패러다임과 선도국 패러다임을 〈표 10〉과 같이 비교하고 있다. 세계선도국가는 추격국가에서 선도국가(First Mover)로의 도약을 그리는 대한민국의 달라진 위상을 반영하고 있다. 또한, 양적·서열상의 우위를 점하는 선진국과는 다른 가치와 내용, 그리고 방식을 지향하고 있다. 즉, 세계선도국가는 "세계사회의 공공성을 추구하는 세계시민가치로서의 **사람과 생명가치를 존중**하고, 방역과 경제와 공동체의 다양한 영역에서 선도방역, 선도경제, 선도시민의 **새로운 표준을 제시**하며 대내외적인 **연대와 협력**으로 불확실한 인류의 미래를 개척하는 나라"로 정의하고 있다.

　이러한 정의와 함께 세계선도국가의 핵심적 국정방향을 세 가지로 요약하고 있다. 첫째는 생명과 안전 가치를 추구하는 '세계선도안전'이다. 세계표준의 K방역뿐만 아니라 탄소중립의 산업환경 구축, 안전하고 쾌적한 생활공간, 생명안전을 보장하는 미래에너지 등의 실천과제가 구체화되어야 한다. 둘째는 혁신과 도약의 '세계선도경제'이다. 디지털 경제와 탄소중립경제 영역에서 새로운 세계표준을 제시하고 세계적 우위분야에서 미래선도 일자리를 창출할 뿐만 아니라 경제성장과 자원배분의 형평성을 함께 고려하는 혁신의 실천과제가 있다. 셋째는 균형과 협력의 '세계선도시민'이다. 지구적 불확실성을 극복하기 위한 글로벌 정의를 공유하는 정의로운 세계시민, 지역과 다음 세대를 고려하는 정의로운 배분의 주체 구축, 협력과 합의의 대화시스템, 두터운 돌봄, 교육, 안전망의 구축 등의 과제가 있다. 세계선도안전과 세계선도경제와 세계선도시민으로 구성되는 세계선도국 질서는 포스트코로나 시대 새로운 문명을 만들어야 하는 인류의 당면한 과제이기도 하다.

〈표 11〉 세계선도국가의 3대 국정방향

방향		우리의 미래와 다음 세대에게 희망을 주는 세계선도안전 · 세계선도경제 · 세계선도시민
개념	세계선도안전 (생명과 안전)	세계표준 K-방역
		그린환경을 실현하고 점검할 수 있는 목표치 설정
		생활 공간에서 쾌적한 환경을 누릴 수 있는 환경
		미래 안전 에너지 생산을 세계적으로 선도
	세계선도경제 (혁신과 도약)	디지털 · 그린 경제 영역에서 새로운 세계표준 제시
		세계 우위 분야 집중투자를 통해 미래선도 일자리 창출
		경제 성장과 자원 배분의 형평을 함께 고려하는 선도모델의 창안
	세계선도시민 (균형과 협력)	지구적 불확실성을 극복할 수 있는 정의로운 세계시민 육성
		신구(新舊), 흥망(興亡)의 지역과 일자리 배분주체로서 정의로운 전환 실현
		뉴딜전환에 따른 갈등 해소와 협력과 합의를 위한 중층적 사회적 대화
		디지털전환과 그린전환의 다양한 피해계층에 대한 두터운 사회보장 마련

Ⅲ. 5대 국정목표[36]

1. 국민이 주인인 정부

문재인 정부의 최상위 국가비전인 '국민의 나라, 정의로운 대한민국'은 5대 국정목표와 20대 국정전략으로 구성된다. 5대 국정목표 가운데 정치분야의 국정목표는 '국민이 주인인 정부'이며 여기에 4대 국정전략이 포함된다. 경제분야 국정목표는 '더불어 잘사는 경제'이며 여기에 5대 국정전략이 포함된다. 사회분야는 '내 삶을 책임지는 국가'이며 여기에 역시 5대 국정전략이 포괄된다. 지역분야는 '고르게 발전하는 지역'을 국정목표로 3대 국정전략을 포괄한다. 외교안보분야의 국정목표는 '평화와 번영의 한반도'이고 여기에 3대 국정전략이 있다.

'국민이 주인인 정부'는 제도와 일상에서 국민주권을 실현하기 위한 새로운 정부 시스템을 추구한다. 국민 위에 군림하는 대통령의 특권을 내려놓고 국가권력의 사유화로 인해 붕괴된 국정운영을 개편하며 권력기관의 민주적 개혁을 추진한다. 이를 위해, 청와대의 특권을 버리고 국민과 소통하며 이를 통해 통합하는 대통령의 모습과 공론과 합의에 기초하여 정책을 입안하고 결정하는 정부 혁신을 실천한다.

'국민이 주인인 정부' 4대 국정전략	• 국민주권의 촛불민주주의 실현 • 소통으로 통합하는 광화문 대통령 • 투명하고 유능한 정부 • 권력기관의 민주적 개혁

국민이 주인인 정부의 국정전략 1은 '국민주권의 촛불 민주주의 실현'이다. 이를 위해, 최순실게이트로 상징되는 국정 농단과 문화계 블랙리스트 등의 진실을 규명하고 책임을 확고하게 물어 훼손된 공적 가

---

36 국정기획자문위원회(2017.7), 〈국정운영 5개년 계획〉에서 발췌·정리.

치와 공공성을 복원한다. 제도적으로는 독립적 반부패 총괄 기구 설치 등 반부패 개혁을 확고히 추진하여 국가 차원의 부패 방지 체계를 강화한다. 아울러, 오랜 숙원인 과거사 진실 규명과 보상 문제의 해결을 통해 실현되지 못한 사회정의를 세우고 미래지향적 사회통합 기반을 마련한다. 끝으로, 민주주의의 핵심요소인 표현의 자유 보장 및 언론의 독립성과 공정성을 제고한다.

전략 2는 '소통으로 통합하는 광화문 대통령'이다. 국민의 알 권리, 참여 권리를 최대한 보장하고 개헌을 비롯한 각종 정치제도를 개혁하여 소통에 기반한 국민통합을 이루어내는 것이 문재인 정부 국정운영의 핵심 전략이다. 이를 위해, 새로운 인권 수요와 국제기준에 부응할 수 있도록 국민의 인권을 보호하고 참여를 촉진한다. 대한민국의 새로운 미래 설계를 위해 국민주권 시대와 지역 분권을 지향하는 개헌을 추진하고, 민주주의를 좀 더 발전시킬 수 있는 방향으로 선거제도 개혁 등 정치 발전을 위해 노력할 것이다.

전략 3은 '투명하고 유능한 정부'이다. 문재인 정부는 국정운영의 패러다임을 근본적으로 변화시켜 '국민 모두에게 열린, 지능형 혁신정부', '국민을 배려하는, 따뜻한 행정 서비스를 제공하는 정부'로 거듭나는 공직사회를 구현할 것이다. 또한, 세계 어느 곳에서나 국민을 보호하는 조국의 손길을 느낄 수 있도록 해외거주 국민의 생명과 재산을 보호하고 행복 추구를 지원하기 위한 법적·조직적 체계도 강화할 것이다. 희생과 헌신으로 나라를 지킨 분들을 끝까지 책임지는 국가공동체 구현을 위해, 국가보훈대상자에 대한 보상 및 예우를 확대하고 이분들을 기리는 독립-호국-민주의 보훈 문화를 확산한다.

전략 4는 '권력기관의 민주적 개혁'이다. 정치적 중립성과 직무수행의 독립성이 훼손되어왔던 검찰을 개혁하기 위해 고위공직자 부패 근절을 위한 고위공직자비리수사처를 설치하고 견제와 균형의 원리가 작동하는 검경수사권 조정 등을 추진한다. 아울러, 투명성과 공정성의 측면에서 비판받아온 감사원과 국세청 등은 공정하고 투명하게 권력을 행사하는 기관, 법을 준수하고 국민을 위해 봉사하는 기관으로 다시 태어나도록 개혁할 것이다.

2. 더불어 잘사는 경제

'더불어 잘사는 경제'는 경제의 중심을 국가와 기업에서 국민 개인과 가계로 바꾸고, 성장의 과실이 국민 모두에게 골고루 돌아가는 경제를 지향한다. 특히 일자리는 성장을 촉진하는 최고의 복지라는 점에서 일자리 창출은 핵심과제라고 할 수 있다. 이와 함께 대기업은 세계시장에서 경쟁하고, 중소기업은 중견기업으로 성장하며, 골목상권에서는 소상공인과 자영업자의 창의력이 발휘되는 경제를 모색한다. 4차 산업혁명을 선도하기 위해 과학기술의 발전과 미래 성장산업을 적극적으로 지원하고, 역동적인 벤처 생태계를 만들어 창의적 벤처기업과 혁신적 창업자를 육성한다.

'더불어 잘사는 경제' 5대 국정전략	• 소득 주도 성장을 위한 일자리경제 • 활력이 넘치는 공정경제 • 서민과 중산층을 위한 민생경제 • 과학기술 발전이 선도하는 4차 산업혁명 • 중소벤처가 주도하는 창업과 혁신성장

더불어 잘사는 경제의 국정전략 1은 '소득주도 성장을 위한 일자리 경제'이다. 한국경제가 직면하고 있는 저성장, 일자리 부족, 사회경제적 불평등 문제를 해결을 위해서는 대기업과 중소기업, 사용자와 노동자 등 모두가 '더불어 성장하는 전략' 필요하다. 이를 위한 핵심과제는 '좋은 일자리가 마련된 대한민국'으로, 일자리 창출로 가계소득을 늘리고, 늘어난 소득으로 소비를 확대하여 내수 활성화 및 성장으로 이어지는 '경제 선순환 구조' 구축이다. 이를 위해 정부가 81만 개의 공공부문 좋은 일자리를 만들어 앞장서고, 기업과 노동자는 사회적 대타협과 강력한 산업혁신으로 일자리를 많이 만들어낼 수 있는 여건을 조성할 것이다.

전략 2는 '활력이 넘치는 공정경제'이다. 문재인 정부는 불공정한 경제 상황을 타파하는 일이 바로 경제의 활력을 다시 살리고 한국경제가 재도약하는 방안이라 확신하고 공정경제 구축을 핵심 전략으로 추진할 것이다. 특히, 공정한 시장질서가 대·중소기업 간 공정경쟁과 상생 협력으로 이어져 중소기업이 우리 경제의 한 축으로서 경제성장과 고용 확대를 견인할 수 있도록 지원할 것이며, 부당한 행위에 대해 소비자들이 당당한 권리를 주장하고 행사할 수 있도록 소비자 피해구제를 강화할 것이다.

전략 3은 '서민과 중산층을 위한 민생경제'이다. 문재인 정부는 중소기업·소상공인 부담 경감 및 역량 강화를 위해 다양한 지원 강화와 함께 상권 내몰림 방지 제도화를 통한 소상공인 생업 터전 보전, 협업화·경영혁신 등 소상공인의 수익성 및 생존율 제고 방안을 추진할 것이다. 국민의 재산형성·노후대비 지원 및 지속적·안정적 서민 금융지원 기반 마련 등을 추진하고, 광역 알뜰 교통카드 도입 및 실질적인 통신비 부담 경감 등을 통해 서민 생활비를 절감할 것이다.

전략 4는 '과학기술 발전이 선도하는 4차 산업혁명'이다. 4차 산업 혁명을 촉발하는 초지능·초연결 기술(AI, IoT, 5G 등)을 확산하고 핵심 기술 개발, 신산업 육성을 통해 일자리 및 성장동력을 확보할 것이다. 4차 산업혁명을 체계적으로 대비하고 지휘할 사령탑으로서 〈대통령 직속 4차산업혁명위원회〉를 설치하고 기술·산업·사회·공공 등 분야 별 혁신과제를 선정하여 추진할 것이다.

전략 5는 '중소벤처가 주도하는 창업과 혁신성장'이다. 핵심은 낙수 효과 단절 및 청년 고용절벽을 해결하기 위해 근본적으로 경제성장 패 러다임을 대기업 중심에서 중소·벤처기업 중심으로 전환하는 것이다. 중소벤처기업을 지원해왔던 중소기업청을 중소벤처기업부로 격상·확 대함으로써 중소벤처기업을 보다 체계적이고 강력하게 지원할 수 있 는 정부 시스템을 구축한다. 대기업과 중소기업 간 임금 격차를 완화 할 수 있는 다양한 제도의 시행으로 중소기업의 인재난과 인력난을 완 화하고, 창업 지원과 창업 실패에 대한 재기 시스템을 강력하게 구축 함으로써 혁신적 아이디어가 충만한 기업 환경 구축에 역점을 둔다.

3. 내 삶을 책임지는 국가

복지·보육·교육·안전·환경 등에서 국가의 책임성을 강화하고, 이 를 통해 '국민의 삶의 질' 제고를 도모해야 한다. 이와 함께 노동이 존 중되고 성 평등이 실현되는 더불어 공존하고 번영하는 질 높은 사회통 합을 실현해나갈 것이다. 급속도로 진행되는 지식정보사회의 발전에 발 빠르게 대응해 개인의 자유가 보장되고 창의성이 발휘되며 국민 모두의 행복이 실현되는 문화국가를 모색한다.

'내 삶을 책임지는 국가' 5대 국정전략	• 모두가 누리는 포용적 복지국가 • 국가가 책임지는 보육과 교육 • 국민안전과 생명을 지키는 안심사회 • 노동존중·성평등을 포함한 차별 없는 공정사회 • 자유와 창의가 넘치는 문화국가

　내 삶을 책임지는 국가의 국정전략 1은 '모두가 누리는 포용적 복지국가'이다. 문재인 정부는 불평등이 심화되고 있는 현실을 바로잡기 위해 복지국가 체제 강화를 중요한 전략으로 추진할 것이다. 구체적으로 아동수당·청년구직촉진수당 도입, 기초연금액 인상 등 생애주기별 소득지원제도 등을 통해 기본적인 소득을 보장한다. 보편적 의료보장 및 의료의 공공성 강화를 통해 소득·지역에 관계없이 양질의 의료서비스를 누구나 이용할 수 있도록 하여 건강한 삶 유지를 지원한다. 은퇴 세대를 위한 적정한 공적연금 및 일자리 지원, 치매 국가책임제, 여가·사회활동 지원으로 건강하고 품위 있는 노후를 보장하여, 누구나 요람에서 무덤까지 공동체의 보살핌을 받는 복지국가의 근본 정신을 실현한다.

　전략 2는 '국가가 책임지는 보육과 교육'이다. 문재인 정부는 저출생의 가장 기본적인 원인인 육아 문제부터 국가가 책임을 지고 수행하는 것이 한국 공동체 소멸을 막는 일의 시작이라고 판단하였다. 이를 극복하기 위해 국공립유치원 등 확대, 어린이집 누리과정 국고 지원, 고교 무상교육, 대학생 주거 부담 경감 등 유아기 출발선부터 대학까지 보육과 교육에 대한 국가의 책무성을 강화하고 생애주기별 맞춤형 지원을 실현할 것이다. 한국 사회의 안정적이고 발전적인 재생산을 위해 진로맞춤형 교육, 선진국 수준의 교육 여건 조성, 한 아이도 놓치지 않는 기초학력보장 등 공교육을 혁신한다. 평생·직업교육을 강화하는 국가 직업교육 마스터 플랜 수립, 전문대 지원 확대, 고졸자 취업 확대 등과 함께 대학의 글로벌 경쟁력을 높이는 미래를 위한 교육 시스템 구축도 추진할 것이다.

전략 3은 '국민안전과 생명을 지키는 안심사회'이다. 문재인 정부는 국민의 안전과 생명을 지키는 안심사회 구축을 최우선 국정전략으로 정립한다. 구체적으로 효과적인 국가 재난관리 체계 구축에 대한 국민의 요구가 높은 상황에 맞추어 국가재난 컨트롤타워와 현장대응 역량 모두가 강화된 통합적 국가재난관리체계를 구축한다. 국민의 안전한 생업을 방해하는 주변국 정부와 국민들에게 단호하고 체계적으로 대처함으로써 해양주권과 해양영토를 수호할 것이다. 원전규제체계의 혁신과 탈원전정책을 추진하고 국민건강과 일상생활에 큰 어려움과 질병의 원인인 미세먼지를 획기적으로 감축할 것이다. 기후변화 등 전지구적 위기 해결에 기여하고 이상기후 현상에 따른 피해 감축을 위해 온실가스 감축과 지속가능발전 거버넌스를 재정립한다.

전략 4는 '노동존중·성평등을 포함한 차별 없는 공정사회'이다. 정의와 통합을 핵심가치로 전제하는 문재인 정부는 사람을 중심에 두고 다양성을 상호 존중하며 어떠한 차별도 없는 공정한 사회를 지향한다. 구체적으로 노동인권을 강화하고 노동의 사회적 대화 참여 등을 추진하며, 특히 정규직과 비정규직 문제 해결을 위해 차별 없는 좋은 일터 만들기를 핵심과제로 추진할 것이다. 사회적 차별 해소의 핵심은 다름의 존중과 성평등 사회의 실현에 있으므로 다양한 형태의 가족들의 안정적인 삶을 지원하고, 사회적 차별을 해소하며, 대통령직속 성평등위원회 설치 등을 통해 사회 전반에 성평등 문화 확산을 위해 노력할 것이다.

전략 5는 '자유와 창의가 넘치는 문화국가'이다. 자유와 창의가 넘치는 문화와 예술, 국민의 휴식 제고를 위한 관광 및 하나의 유망 산업으로서의 관광 진흥을 중요한 전략으로 설정하였다. 국민의 문화·예술 향유, 스포츠 참여, 관광복지 여건을 조성하고, 시간·비용·프로그램 등 지원을 확대하여 문화 격차를 완화할 것이다. 문화콘텐츠산업 정책금융지원 확대, 예술인의 창작의 자유 보장과 창작 여건 조성, 문화산업 생태계의 공정성 강화로 우리 사회의 창의 수준을 제고하고 문화 부가가치를 극대화한다. 한류 및 문화교류 인프라를 확대하여 한국 속에 세계인을 품도록 하며, 체육과 문화의 남북-국제 교류를 통해 문화의 평화 기능을 확산하고자 한다.

4. 고르게 발전하는 지역

전국 모든 지역이 고르게 발전하기 위해 우선적으로 추진되어야 할 과제는 자치분권 균형발전이다. 자치분권을 이루기 위해 중앙정부 권한의 지방 이양과 지방재정 확충을 통해 지방분권을 추진하고, 주민자치 확대를 통해 지역 현장에서의 풀뿌리 민주주의를 구현한다. 균형발전을 이루기 위해 지역이 가진 잠재력을 극대화하여 자립적 성장기반을 마련함으로써 중앙 대 지방, 지방 대 지방 간의 경제·사회적 격차를 해소해나간다.

고르게 발전하는 지역의 국정전략 1은 '풀뿌리 민주주의를 실현하는 자치분권'이다. 문재인 정부는 국가의 통합성과 성장의 장애요인으로 작용해 왔던 소극적인 중앙권한 지방 이양 및 지방으로의 기능 분산을 해결하기 위해 제2국무회의를 도입하고, 과감한 권한과 기능 이전을 추진할 것이다. 또한, 교육현장의 자율성이 강화되도록 교육 거버넌스를 개편하는 등 각 지역의 교육자치도 획기적으로 강화할 것이다.

전략 2는 '골고루 잘사는 균형발전'이다. 문재인 정부는 골고루 잘사는 전국을 만들기 위해 균형발전 전략을 추진할 것이다. 구체적으로는, 국가균형발전 추진을 위한 거버넌스 및 지원체계를 강화하고 혁신도시·세종시·산업단지·새만금 등 지역성장거점과 각종 클러스터를 활성화한다. 지역 주민의 삶의 질 개선과 도시 활력 제고를 위해 구도심과 노후 주거지 등을 도시재생뉴딜 사업대상으로 선정, 도시재생과 연계한 공공임대주택 공급 등 공공중심의 지원을 집중적으로 수행할 것이다. 세계적 수준의 경쟁력이 있는 국내 조선·해운의 재건을 위해 친환경 고효율 선박 확보, 한국 해운 재건 프로그램 등 조선·해운 상생협력을 추진하는 등 지역의 핵심 산업을 재건할 것이다.

전략 3은 '사람이 돌아오는 농산어촌'이다. 문재인 정부는 시장 개방 확대, 주요 농수산물 수급 불안 및 농어업재해 등에 대응하여 재해보험 확대, 공익형 직접지불제 도입 등 농림어업인의 소득 및 경영 안정 지원을 강화할 것이다. 해양과 연안공간 통합관리 및 우리 바다 되

살리기로 어촌의 활력을 제고하며 100원 택시 확대 등 농산어촌의 교통·의료·주거 여건을 개선한다. 특히 젊은이들이 돌아올 수 있도록 청년농업인 영농정착지원금 지급, 환경친화형 농수산업으로 전환, ICT를 활용한 첨단 스마트팜·양식장 조성 확대 등으로 농산어촌 후계 인력 양성, 첨단기술 융복합 지원 및 농산어촌 체질 개선에 주력한다.

5. 평화와 번영의 한반도

'평화와 번영의 한반도'는 우리 사회가 놓인 대외적 상황을 고려할 때 국제관계에서 추구해야 할 가장 중요한 가치이다. 이를 위해 국토를 지키고 국민을 안심시킬 수 있는 강력하고 유능한 안보와 책임국방을 최우선적으로 구축해나갈 것이다. 이와 더불어 남북 간 교류협력을 추진하여 함께 번영하는 길을 도모하고 제재부터 협상까지 다양한 수단을 동원하여 한반도 비핵화를 모색해야 한다. 이와 함께 국익을 증진시키고 평화로운 한반도를 실현할 수 있는 당당한 국제협력 외교를 추진해 나간다.

'평화와 번영의 한반도' 3대 국정전략	• 강한 안보와 책임국방 • 남북 간 화해협력과 한반도 비핵화 • 국제협력을 주도하는 당당한 외교

평화와 번영의 한반도 국정전략 1은 '강한 안보와 책임국방'이다. 문재인 정부는 당장의 북 위협 대응능력 제고와 함께 한국 안보 체계의 중장기적 체질 개선까지 시야에 넣고 전략을 설정하였다. 구체적

으로는, 북핵·미사일·사이버 등 비대칭 위협에 대한 대응능력을 조기에 구축하여 북한의 위협에 책임지고 대처할 수 있는 능력을 우선 확보한다. 군건한 한미동맹 기반 위에서 전시작전통제권의 임기 내 전환을 통해 우리 군 주도의 새로운 연합방위체제를 구축할 것이다. 인력·구조 등 군 전반에 걸친 국방개혁, 장병들의 복무 여건 개선 등을 통해 미래전장에서 승리할 수 있는 유능하고 강한 군을 구현한다. 방위사업의 투명성·효율성을 제고하여 신뢰를 회복하는 동시에 4차 산업혁명을 준비하고 선도하는데 방위산업이 기여할 수 있도록 첨단 방위산업 발전을 위해 노력한다.

전략 2는 '남북 간 화해협력과 한반도 비핵화'이다. 문재인 정부는 국제사회와 공조, 대화-제재 등 모든 수단을 통해 북한을 대화로 이끌고, 북한 비핵화와 평화체제 구축의 포괄적 추진으로 북핵 문제를 해결하여 한반도에 항구적 평화정착을 추진할 것이다. 남북대화와 교류를 재개하여 남북합의를 법제화하고 남북관계를 새롭게 정립하며, '한반도 신경제지도' 구상을 본격 추진하여 우리 경제의 미래성장 동력을 창출하고 남북 경제 통일을 도모할 것이다. 대북정책에 대한 초당적 협력과 국민적 지지를 강화하여 통일 공감대를 확산하고 국민통합적 대북정책을 국민과 함께 수립하고 시행할 것이다.

전략 3은 '국제협력을 주도하는 당당한 외교'이다. 동북아의 평화와 번영을 위해서 문재인 정부는 개방적 대외경제 환경을 조성하고 신흥경제권 국가와의 협력 지평을 확대하는 한편, 청년 일자리 창출에 기여하는 상생의 개발협력 추진 등을 통해 국익을 증진할 것이다. 동북아 외교는 생존의 문제로서 우리 주도의 당당한 협력외교를 통해 한미동맹, 한중, 한일, 한러 관계를 미래지향적이며 국익지향적으로 진행할 것이다. 동북아 지역의 지정학적 긴장과 경쟁구도 타파를 위해 동북아 평화협력 플랫폼, 신북방정책 및 신남방정책 등으로 동북아 지역의 장기적인 평화·협력적 환경을 조성한다.

　이상과 같은 5대 국정목표는 '국민의 나라, 정의로운 대한민국'이라는 하나의 국가비전을 달성하기 위한 정치, 경제, 사회, 지역, 외교안보 분야의 목표이자 세부비전이라고 할 수 있다. 5대 국정목표는 상술한 바와 같이 20개의 국정전략으로 구체화되고 국정전략들은 100개의 국정 실천과제로 구체화되며, 이 100대 실천과제는 정부 출범과 함께 국정기획자문위원회의 정책선별 당시에 487개의 세부과제로 다시 구체화되었다.

국민과의 약속,
100대 국정과제
수립과 추진

제1장 국정기획자문위원회 출범과 활동

I. 출범 배경

헌정사상 초유의 대통령 탄핵에 따라 실시된 조기 대선, 보궐선거 (2017.5.9)로 선출된 제19대 대통령은 당선과 동시에 임기가 개시되어 대통령직 인수를 규정한 「대통령직 인수에 관한 법률」에 근거한 대통령직인수위원회 구성 및 기능을 수행할 수 없었다. 이에 따라 문재인 대통령은 대통령직인수위원회 역할과 기능을 대신 수행할 국정기획자문위원회(이하 국정기획위)를 운영하기로 결정하였고, 「국정기획자문위원회의 설치 및 운영에 관한 규정」을 대통령령으로 제정(2017.5.16)하여 위원회 운영 근거를 마련하였다. 이후 준비과정을 거쳐 서울시 종로구 통의동 소재 금융감독원연수원에서 김진표 위원장과 자문위원들이 참여한 가운데 현판식을 개최(2017.5.22)하는 한편 1차 전체회의를 시작으로 국정기획위의 본격적인 업무를 개시하였다.

제1차 전체회의에서는 위원장 및 위원의 임무, 분과위 구성, 회의 운영 등 위원회 운영에 관한 세부적인 사항을 규정한 「국정기획자문위원회 운영세칙」과 국정기획위 운영에 필요한 예산 편성을 위한 「국정기획자문위원회 운영 예비비 편성(안)」을 심의·의결하고 국정기획위 운영계획 등을 보고·논의하였다. 이에 따라 국정기획자문위원회는 「국정기획자문회의 설치 및 운영에 관한 규정」에 따라 정부의 조직·기능 및 예산현황의 파악, 정부의 정책기조 설정, 국가 주요 정책의 선정 및 그 실행을 위한 중장기 계획 수립, 그 밖에 대통령의 국정기획 등에 관한 자문을 담당하는 기능을 수행하였다.

II. 위원회 구성 및 운영

1. 위원회 구성

국정기획위는 위원장 1인, 3인의 부위원장, 30인의 위원 등 총 34명으로 구성되었고, 대통령 임기 시작 후 출범하게 된 특수한 상황을 반영하여 당·정·청 관계자와 각 분야의 전문가로 구성했다. 국정운영의 방향과 국정과제를 신속하고 효과적으로 설정해 추진해야 하는 상황을 반영하여, 부위원장을 3인으로 확대하고 당·정·청 주요 관계자(대통령비서실 정책실장 장하성, 더불어민주당 정책위 의장 김태년, 국무조정실장 홍남기)를 위촉하여 당·정·청 간 협의·조정 역할을 담당하게 하였으며, 별도의 자문위원을 두지 않는 대신 보좌역을 두어 각 전문분야를 지원하게 하였다.

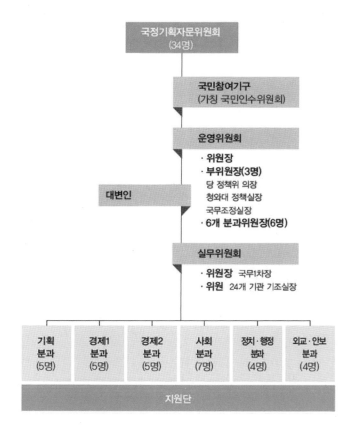

[그림 6] 국정기획자문위원회 조직도

국정기획위의 기구는 기획, 경제1, 경제2, 사회, 정치·행정, 외교·안보 등 6개 분과위원회와 국정기획위 활동 대외공표 및 홍보업무를 담당하는 대변인실, 국정기획위의 인사·회계·시설 등 운영 실무를 지원하는 행정실로 구성하였으며, 국민들의 다양한 정책과 의견을 수렴하는 국민참여기구, 즉 현장 접수 창구로서 '국민인수위원회'를 별도 조직으로 설치·운영하였다. 각 분과·기구별 소관업무는 다음 〈표 12〉와 같다.

<표 12> 각 분과위원회별 업무 분장

구분	업무
기획분과위원회 (위원장: 윤호중)	국정비전 및 국정기조 수립, 국정과제 수립 총괄, 위원회 회의체 운영, 위원회 지원단 운영
경제1분과위원회 (위원장: 이한주)	기획재정부, 공정거래위원회, 금융위원회, 국세청, 관세청, 조달청, 통계청 소관 업무
경제2분과위원회 (위원장: 이개호)	미래창조과학부, 농림축산식품부, 산업통상자원부, 국토교통부, 해양수산부, 방송통신위원회, 원자력안전위원회, 농촌진흥청, 산림청, 중소기업청, 특허청, 행정중심복합도시건설청, 새만금개발청 소관 업무
사회분과위원회 (위원장: 김연명)	교육부, 문화체육관광부, 보건복지부, 환경부, 고용노동부, 여성가족부, 국가보훈처, 식품의약품안전처, 문화재청, 기상청 소관 업무
정치·행정분과위원회 (위원장: 박범계)	행정자치부, 법무부, 국가인권위원회, 국민안전처, 검찰청, 경찰청, 법제처, 감사원, 국민권익위원회, 인사혁신처 소관 업무
외교·안보분과위원회 (위원장: 이수훈)	외교부, 국방부, 병무청, 방위사업청, 통일부, 국가정보원 소관 업무

2. 회의 운영

국정기획위는 민주적 의사결정을 위해 정례회의로서 자문위원 전원이 참석하는 전체 회의와 위원장, 부위원장 및 분과위원장 등이 참석하는 운영위원회 회의를 운영하였으며, 분과단위회의 및 주제별 TFT 회의가 수시로 개최되었다.

<표 13> 회의 운영 실적

계	전체회의	운영위원회	국정과제TF회의
66회	8회	39회	19회

1) 전체 회의

전체 회의는 모든 자문위원들이 참여하는 회의로 주 1회, 매주 월요일 정기적으로 개최하였으며, 회의에서는 각 분과의 업무추진 상황과 주간 주요 추진계획, 분과 간 협력이 필요하거나 조정이 요구되는 사항을 논의·결정하였다. 회의 안건에 따라 소관 전문위원들까지 참석 범위를 확대하는 등 탄력적으로 조정·운영하였으며, '4차 산업혁명', '일자리 창출' 등 문재인 정부의 핵심 국정과제는 전문가 초청 강연과 토론을 통해 전 위원이 국정운영 기조 및 과제를 공유·논의하는 역할도 하였다.

2) 운영위원회 회의

운영위원회 회의는 매일 1회 개최하였다. 위원장, 부위원장(3명), 분과위원장(6명), 대변인, 전문위원단장 등 12명이 참석하여 분과위별 검토사항에 대한 조정, 개혁과제 관련사항, 대외 소통 및 위원회 운영과 관련된 주요 사항을 논의하였다. 회의는 탄력적으로 운영하였는데, 부처 업무보고를 받던 국정기획위 운영 초기에는 매일 아침 9시 이후에 개최하였으며, 부처 업무보고가 완료되고 본격적인 국정과제가 논의되면서부터는 개최 시간을 당겨 조찬 회의로 운영하였다.

3) 분과위원회 및 국정과제 TFT 회의

분과위원회 회의는 매일 아침 운영위원회 회의 직후 개최되었으며, 분과별 실정에 맞게 정기 또는 수시로 운영하였으며, 해당 분야의 국정과제 추진계획 수립, 분과위원회 운영 등에 관한 다양한 사항을 논의하였다. 국정과제 TFT 회의는 다양한 주제와 방법으로 수시로 운영하였다. 원칙적으로는 분과 단위로 소관 업무를 중심으로 운영하였으나, 상정 안건 및 논의 주제에 따라 소속 분과 구분 없이 토론 주제와 관련된 다양한 분과 위원 및 민간 전문가들이 함께 참여·논의하는 형태로 운영하였다.

3. 위원회 인력·예산·시설

1) 인력 편성

국정기획위는 위원장, 부위원장 3인, 자문위원 30인 등 위원 34명과 전문위원·특별보좌역·전문보좌역·행정위원 등 121명으로 구성하였으며, 위원회 운영 초기 정부인사발령에 따라 결원이 된 자리에 신규 위원을 추가로 위촉하여 위원회 운영에 차질이 없도록 조치하였다.

〈표 14〉 국정기획자문위원회 위원 명단

구분	성명
위원장단	김진표(위원장), 김태년(부위원장), 장하성(부위원장), 홍남기(부위원장)
기획분과	윤호중(분과위원장), 김경수, 김호기, 이태수, 홍익표
경제1분과	이한주(분과위원장), 박광온(자문위원 겸 대변인), 윤후덕, 정세은, 홍종학
경제2분과	이개호(분과위원장), 강현수, 김정우, 조원희, 최민희, 호원경
사회분과	김연명(분과위원장), 김은경, 김좌관, 오태규, 유은혜, 한정애
정치행정	박범계(분과위원장), 송재호, 윤태범, 정해구
외교·안보분과	이수훈(분과위원장), 김병기, 김용현, 김준형

<표 15> 국정기획자문위원회 인원 구성 현황

구분	계	위원	소계	민간	정부	보좌역	행정위원
계	121	34	68	35	33	12	7
위원장실	5	1	-	-	-	1	3
부위원장실	3	3	-	-	-	-	-
기획분과	20	5	13	7	6	1	1
경제1분과	14	5	9	5	4	-	-
경제2분과	23	6	13	6	7	3	1
사회분과	24	6	13	7	6	5	-
정치·행정분과	17	4	11	5	6	1	1
외교·안보분과	14	4	9	5	4	1	-
대변인실	1(1)	(1) 자문위원 겸임	-	-	-	-	1
행정실	(1)	-	-	-	(1) 전문위원 겸임	-	-

실무지원: 38명(행정실 8, 시설관리 5(전산 3, 통신 1, 전기 1), 백서팀 4, 방호관 5, 대변인실 3, 기록물관리 1, 행정지원 6, 분과지원 6).

국정기획위 전체 인력은 제18대 대통령직인수위 153명에 비하여 32명(21%)이 줄어든 121명이었으며, 대통령 임기가 시작된 후 출범한 국정기획위의 역할과 상황 등을 고려하여 특별·전문보좌역을 운영하여 전문 분야를 지원하였다. (국민참여기구로 운영된 국민인수위원회 인력규모 제외) 국정기획위 구성원은 2017년 5월 22일 대통령이 위원장 및 자문위원을 임명·위촉하였다. 전문위원, 특별·전문보좌역, 행정위원 등 국정기획위 운영과 관련해 꼭 필요한 인력은 순차적으로 임명하였으며, 분과위원회 서무인력, 전산·통신·방호 등 지원인력은 해당 부처로부터 최소한의 인력을 지원받아 운영하였다.

속기사의 경우 종전 대통령직인수위는 국회 휴회 기간 중에 운영되어 지원협조가 원활했던 데 비해 국정기획위는 국회 회기 중에 운영되었고, 국무총리·장관 인사청문회 등과 겹쳐 국회로부터 속기사 지원을 받는 데 어려움이 있었다. 이에 서울특별시의회와 경기도의회로부터 속기 인력을 지원받아 대통령 기록물의 기록 및 관리에 만전을 기했다.

2) 예산·시설

(1) 예산 : 예비비 편성 및 결산

국정기획위는 최근 어려운 경제사정과 대통령 임기가 시작된 후 출범하게 된 점 등을 종합적으로 고려하여 최소한의 인원 및 단가 조정 등을 통해 운영 예산(예비비)을 대폭 감액한다는 원칙을 설정하고 편성하였다.

기준에 따라 편성된 국정기획위 예산은 2017년 5월 22일 제1차 전체회의에서 14억 9,500만 원을 의결·신청하고 5월 23일 국무회의 의결을 거쳐 확정하였다. 이는 제18대 인수위 예비비 규모(21억 9,400만 원)와 비교할 때 6억 9,900만 원(31.9%)이 줄어든 규모이다.(국민참여기구인 국민인수위원회 예산은 제외) 18대 인수위 대비 관서운영비(임차료 제외)는 23.9% 감액한 5억 3,300만 원으로 편성하였으며, 사무실·인원 축소 운영에 따라 공공요금을 39.5%를 감액한 6,600만 원, 특수활동비는 개인별 지급단가 감액 조정하여 51%을 감액한 4억 5,300만 원을 편성하였으며, 당선인 예우 경비는 대통령 당선과 임기가 시작되었기에 편성하지 않았다. 대신 한글 프로그램 및 자료 완전 삭제 SW를 구입하기 위한 자산취득비 3,000만 원을 신규 증액 편성하였다.

국정기획위는 14억 9,518만 5,000원의 예비비를 배정받아 총 11

억 7,855만 1,660원을 집행하고 3억 1,663만 3,340원을 불용(절감)하였다. 예산과목별로 살펴보면, 국정과제 보고서 등 인쇄비, 공공요금 및 사무가구·전산기기 임차료 등에 사용한 관서운영비는 8억 5,052만 6,160원을 집행하였고, 부서별 운영비와 자문위원 등의 직무활동비 및 정책개발비 등에 사용한 특수활동비는 총 3억 2,802만 5,500원을 집행하여 편성액 대비 27.6%를 절감하였다.

(2) 시설

국정기획위는 서울 종로구 통의동 소재 금융감독원연수원 1,260.3㎡ 규모의 사무실을 사용하였다. 사무실은 당초 창성동 청사와 금융감독원연수원 분산배치를 검토하였으나 예산 절감, 이용의 편의성 및 운영의 효율성 등을 고려하여 면적을 최대한 축소, 금융감독원연수원 한 곳에 설치·운영하는 것으로 최종 결정하였다.

그 결과 제18대 인수위 사무실 면적(4,501㎡)에 비해 3,240.7㎡가 감소되었으며, 대통령 당선인 사무실(1,310㎡)을 제외한 면적(3,191㎡)과 비교해서도 39.5% 감소하였다. 이와 같이 국정기획위 사무실 면적을 최대한 축소 운영한 결과 당초 국정기획위 사무실로 사용 검토·계획했던 창성동 청사(1,280㎡)에 일자리위원회가 입주하게 되어 결과적으로 부족한 청사시설의 효율적 운영을 지원하게 되었다.

III. 분과별 활동 내용

1. 운영위원회

1) 구성

국정기획자문위원회의 원활한 운영을 위하여 "제6조(운영위원회 등) ① 위원회는 위원회의 원활한 운영을 위하여 부위원장 3명 및 각 분과 위원회의 위원장으로 구성되는 운영위원회를 둘 수 있다"고 규정하고 있다.

이에 따라 구성된 운영위원회는 매일 오전 위원장, 부위원장 3명, 분과위원장 6명 및 대변인이 참석하여 속기사 확보 등 위원회 운영과 관련된 기본적인 사항 처리뿐만 아니라 국정과제 비전 및 체계 구성, 핵심 쟁점 조정 등 국정기획자문위원회 의사결정 과정에서 효율성을 높이는 데 중요한 역할을 수행하였다. 운영위원회는 5월 22일 출범일부터 위원회 종료 전까지 휴일을 제외하고 하루도 빠지지 않고 개최(2017.7.14 기준 39차례)했다.

2) 활동 방향

운영위원회는 위원회 운영 초기 위원회 인사, 예산 및 기타 운영위원회 논의가 필요한 사항을 신속히 처리함으로써 국정기획자문위원회가 원활히 활동하고 운영될 수 있는 시스템을 조기에 안착시키는 데 집중하였다.

공약을 국정과제화하는 과정에서 국가비전과 국정목표, 국정전략 등 국정과제의 전체적인 프레임을 짜는 작업과 함께, 분과별 논의결과를 종합하고 분과위별 검토사항에 대해 정합성 등을 고려하여 조정 (재정 소요 포함)하는 데 중점을 두고 운영하였다. 또 중요 개혁과제 관련 사항, 나아가 각 분과별로 충분히 논의되지 않은 정책들이 언론에 보도되어 국민에게 혼란을 초래하고 정부 신뢰를 저하시키지 않도록 의사결정 과정을 체계화하는 데도 중심적인 역할을 수행했다.

3) 주요 활동 내용

운영위원회는 일일회의로 매일 오전 개최되었다. 위원회 초기에는 국정기획자문위원회위원장 주재로 부위원장 3명과 분과위원장 및 대변인이 참석하여 위원회 운영을 위해 기본적으로 필요한 사항과 부처 업무 현황을 파악하기 위한 업무보고 일정 논의 등 위원회가 최대한 조속히 본 제도에 안착되어 원활히 운영하는 데 집중하였다.

먼저 업무현황 파악을 위한 업무보고 일정을 확정하고 공약을 이행하기 위한 부처별 국정과제 이행계획서 수립방향을 확정하였다. 핵심 업무 5개 TFT 운영방안을 결정하는 한편, 메가 이슈(일자리, 4차 산업혁명 등) 주관 분과를 지정하는 등 공약이 누락되지 않고 국정과제에 충실히 반영될 수 있도록 큰 틀에서 필요한 사항들을 논의·결정하였다.

국정과제 밑그림을 그리는 작업뿐만 아니라 직접 정책을 발표하여 '정부가 바뀌니 내 삶이 변한다'라는 것을 국민이 피부로 느낄 수 있도록 하는 작업도 병행되었다. 분과에서 수많은 업무협의와 토론, 분과 간 쟁점 조정, 운영위 논의 과정을 거쳐 통신비 인하 등 정책이 발표되었다. 이 과정에서 국민 관심이 높고 이해관계가 첨예한 과제가 체계적인 정부 의사결정 과정을 거치지 않고 발표될 경우 혼선이 초래되고 정부의 신뢰가 저하될 우려가 제기되었다. 이 같은 우려를 불식시키기 위해 운영위를 중심으로 쟁점과 갈등 사안 조정, 분과협의가 필요한 사항을 중점 논의하고 필요시 정부와 협의하는 의사결정 프로세스를 체계화하였다.

2. 기획분과위원회

1) 구성

기획분과위원회는 윤호중 분과위원장 외 자문위원 4명, 특별보좌역 (정책기획) 1명, 전문위원 13명, 행정위원 1명 등으로 구성되었다. 국정기획에 관한 대통령의 자문에 응하기 위하여 대통령 소속으로 설치된 국정기획자문위원회는 60여 일의 활동기간 동안 새 정부 정책의 큰 틀과 구체적 실행계획을 마련하는 것이 주어진 가장 큰 임무였다.

기획분과는 국정기획자문위원회에 주어진 소임을 완수하기 위해 위원회가 처리해야 할 구체적인 과제를 주도적으로 발굴하여 추진하는 한편 각 분과가 효율적으로 업무를 추진할 수 있는 체계를 만들고 운영하는 데 주력했다.

2) 활동 목적 및 방향

기획분과는 크게 새 정부의 국가비전과 국정목표를 정립하고, '국정과제' 및 '국정운영 5개년 계획'을 만드는 것을 목적으로 운영되었다. 새 정부 출범이 갖는 의미와 대통령의 국정철학과 비전을 재정립하여 국민에게 제시하고, 앞으로 5년 동안 어떤 일을 우선적으로 할 것인지, 어떤 방법과 속도로 할 것인지, 역할 분담은 어떻게 할 것인지 등을 설계하고 담아내는 작업이었다.

국민이 새 정부 출범을 이끌어낸 만큼 국정기획위의 운영에 있어 기본원칙·판단의 기준은 '국민우선'이었다. 국정과제 선정, 이행방안 마련 등 국정운영계획 수립 전 과정에서 "무엇이 촛불혁명으로 표출된 국민의 염원을 받드는 길인지?", "민생안정을 위해 시급히 해결해야 할 과제는 무엇인지?" 등 국민의 입장에서 판단하고, 국민의 뜻에 따라 결정하며 국민의 기대에 충실히 부응하는 것을 원칙으로 삼았다.

아울러 일 하나하나가 새로운 대한민국을 만드는 밑바탕인 만큼 막중한 책임감과 소명의식으로 실질적으로 일하는 위원회를 만드는 데 주안점을 두었다. 이는 각 분과가 가진 역량을 최대한 발휘할 수 있는 환경을 만들어내기 위해 이전 인수위원회 운영 양상과는 달리 실질적 토론이 가능한 회의 운영, 현장방문·전문가 세미나의 적극적인 활용 등 다양한 시도로 이어졌다.

3) 주요 활동 내용

(1) 주요 TFT 구성·운영

국정기획자문위원회의 활동이 본궤도에 오르며, 여러 TFT가 만들어졌다. 각 TFT는 크게 두 유형으로 구분되어진다. 우선 새 정부의 국정철학 정립과 향후 5년의 청사진과 로드맵을 만들기 위해 운영된 TFT이다. '국가비전·프레임 TFT', '국정운영 5개년 계획 수립 TFT', '국정과제 재정계획 수립 TFT', '지역공약 검토 TFT', '인사검증 기준 개선 및 청문제도 개선TFT' 등 5개가 운영되었다.

이중 '인사검증 기준 개선 및 청문제도 개선 TFT'는 새 정부 출범 초 일각에서 제기된 고위 공직자 인사를 둘러싼 소모적 논란을 없애고 새 정부의 인사에서 국민의 뜻을 받들어 국정을 운영할 인재를 적소에 기용하기 위해 국민의 눈높이에 맞는 합당한 기준을 마련하고자 운영되었다.

각 TFT는 여야 정치권과 정계 원로, 언론계, 학계, 법조계, 시민사회를 비롯한 사회각계의 의견을 경청하고 충실히 반영해 최적의 안을 마련하는 데 역량을 집중했다.

(2) 부처 업무보고

새 정부 5년의 국정운영 로드맵 마련에 기초가 되는 부처 업무보고는 위원회 출범 직후 첫주부터 85개 기관을 대상으로 이루어 졌다. 이번 국정기획자문위원회의 업무보고는 다음과 같은 특징으로 요약된다.

업무보고는 부처 업무보고와 합동 업무보고 등 투트랙으로 이뤄졌다. 부처 업무보고는 기관별로 ▶일반현황 ▶과거정부 추진정책 평가 및 새 정부 기조에 따른 개선방향 ▶단기(2017) 및 중장기 부처 현안 및 대응방안 ▶중앙공약 이행계획 ▶부처 제시 추가채택 국정과제 ▶국가균형발전 및 지역공약 대응계획 등의 내용 중심으로 진행되었다.

현안에 대한 대책방향 결정이 필요한 경우 후속보고가 이어졌다. 통신비 인하가 쟁점이었던 미래부의 경우 4차 보고까지 진행되었고, 그 과정에서 선택약정 할인율 인상과 취약계층 감면 확대 연 1조 6,000억 원 인하 등 결정을 이끌어낼 수 있었다.

(3) 간담회·세미나 및 현장방문

부족한 '시간'과의 싸움 속에서도 다양한 의견을 듣고 정책에 반영하기 위한 노력도 소홀하지 않았다. 단순히 부처에서 보고한 서면자료

만으로 현황을 파악하는 데 그치지 않고, 각 분과가 현안별로 현장을 방문하고 해당 분야 전문가의 의견도 구하도록 유도하였다.

특히 새 정부 공약사업들의 경우 이전 정부에서 시도하지 않았던 다양한 개혁과제가 상당한 비중을 차지해 현장에서 안정적으로 뿌리를 내리게 하기 위해 무엇보다 각계각층의 의견을 듣고 실천력을 높이는 과정이 무엇보다 중요했다.

(4) 정부조직 개편

국정기획기획자문위에서는 중소기업청을 중소벤처기업부로 격상하는 방안 등을 포함한 정부조직 개편방향을 결정했다. 대선공약에 포함된 ▶중소기업청의 중소벤처기업부 승격 ▶소방청과 해양경찰청의 분리독립 등 두 가지 방향을 제시했다. 후속조치는 행정자치부에서 맡아 추진하여 임시국회에 제출했다.

3. 경제1분과 위원회

1) 개요

새 정부의 거시경제 분야 국정과제와 운영계획을 수립하는 경제1분과위원회는 이한주 분과위원장 외 자문위원 4명, 전문위원 9명 등으로 구성되었다. 경제1분과는 업무추진의 효율성을 높이기 위해 소속 위원들의 전문성에 따라 거시경제·조세·금융·공정거래 및 규제개혁 등 각 분야별로 분장하여 업무를 수행하고, 공약이행을 위해 다른 분과와 협업이 필요한 복합과제인 경우에는 현안별로 구성된 각 TFT에 적극 참여, 경제분야 공약을 국정과제에 충실하게 담도록 하였다.

이러한 분과 활동을 통해 향후 5년간에 걸친 문재인 정부 경제정책의 줄거리를 잡는 한편 경제 분야 국정목표와 실천과제를 확정하고 이에 기초한 국정운영 5개년 계획을 수립하였다.

2) 활동 목적 및 방향

경제1분과에서는 '국민주권시대', '경제민주주의'로 대표되는 국민 요구에 부합하기 위한 국정목표와 과제를 설계하는 작업에 심혈을 기울였다. 먼저 경제 분야 국정목표로서 경제의 중심을 국가와 기업이 아닌 개인과 가계로 전환해 경제 성장의 과실이 특정 계층이나 부문이 아닌 국민 모두에게 돌아갈 수 있도록 함으로써 '더불어 잘사는 경제'를 지향하였다. 이러한 경제 분야 국정목표를 실천하기 위해, 최고의 복지라고 할 수 있는 일자리를 통해 소득주도 성장을 이끌도록 하는 일자리경제, 공정한 경쟁으로 활력이 넘치는 공정경제, 서민과 중산층을 위한 민생경제, 과학기술 발전이 선도하는 4차 산업혁명, 그리고 중소벤처가 주도하는 창업과 혁신성장을 경제 분야 5대 전략과제로 삼았다.

이러한 과정을 통해 경제1분과는 국민과의 약속인 경제 분야 공약을 새 정부가 충실하게 이행하면서도 효과적으로 정책 집행을 할 수 있도록 전체 100대 국정과제 중 11개의 국정과제를 엄선하고 각각 구체적인 실천사항과 이행계획을 수립하여 국정운영 5개년 계획을 확정하였다.

3) 주요 활동 내용

(1) 부처 업무보고

경제1분과위원회는 새 정부의 국정철학에 맞는 경제 분야 국정과제를 발굴하고 정부부처와 소속 공직자들의 인식과 역할을 높일 수 있도록 소관부처인 기획재정부, 금융위원회 및 공정거래위원회로부터 현안업무 및 공약이행계획에 대한 보고를 받았다.

업무보고 후에는 각 부처의 현안과 공약이행계획과 관련하여 위원들의 질의에 대한 답변 자료를 받아 이를 중심으로 추가적인 논의를 진행 하였으며, 정부부처가 그동안 중점적으로 추진해왔던 각종 정책에 대하여 새 정부의 국정철학에 비춰 재평가하여 지속추진 할 업무인지, 보완이나 재검토할 정책인지 분류하는 작업을 거쳤다. 경제1분과의 부처 업무보고 내용은 다음과 같다.

〈표 16〉 경제1분과 부처 업무보고 주요내용

소관 기관	날짜	주요내용
기획재정부	5.24	• 양질의 일차리 창출 • 노동존중사회 실현 • 사회적 경제를 포함한 경제 대책 마련 • 조세정의 및 소득재분배
금융위원회	5.25	• 금융업 진입장벽 개선 • 금융산업 구조 선진화 • 가계부채 해소 • 중소·벤처기업 금융지원 방안
공정거래위원회	5.26	• 공정한 시장질서 확립 • 공정거래 감시역량 강화 • 불공정 갑질 근절, 재벌 총수 일간 전횡 해소
조달청	5.29	• 공공조달에서 발주자 직접지급제 도입 • 사회적기업 및 중소기업 우대 방안

통계청	5.30	• 일자리·가계부채 등 정책맞춤형 통계 개발 • 국가데이터 허브로서 역할 강화 방안
국무조정실 규제조정실	5.31	• 서민과 사회적 약자, 중소기업과 소상공인 등 경제적 약자들을 불편하게 하는 민생규제 해소 방안 • 4차 산업혁명 등 신산업 규제완화 방안 • 생명·안전·환경 등 사회적 규제 합리화 방안
한국은행	5.30 ~ 6.1	• 최근 거시경제 동향 보고 • 재정정책과 통화정책의 적절한 배합(policy-mix)이 필요 의견 보고 • 가계부채 누적증가의 구조적 요인 개선안 보고
금융감독원		• 5대 금융악 척결 방안 • 금융소비자보호 사각지대 관리 방안
서민금융진흥원		• 금융소외계층 지원을 위한 재원 확보 대책
한국수출입 은행 한국산업은행		• 조선업과 해운업 등 주요산업의 부실화와 관련한 구조 조정 방향

(2) 현장방문

경제1분과는 부처와 유관기관의 업무보고에 그치지 않고 국정과제 중 쟁점이 되어 이해관계를 조율할 필요가 있는 경우에는 현장으로 나가서 유관기관 종사자를 만나 생생한 의견을 수렴하는 활동을 전개했다. 서울에 있는 한국공정거래조정원, 중소기업은행, 서민금융진흥원은 물론 경기 성남에 소재한 한국사회적기업진흥원, 부산에 위치한 한국주택금융공사, 한국자산관리공사 등 소관 정부부처 산하기관에 대한 현장방문을 실시했다.

(3) 주요 현안 관련 간담회

경제1분과는 공약이행을 위한 국정과제 도출과 세부적인 실천과제를 선정하는 과정에서 공약이행을 위해 현장의 목소리를 들을 필요가 있거나 시급한 주요 핵심공약에 대해서는 해당 정부부처 관계자는 물론 관련 외부기관과 심도 있는 간담회를 실시하였다.

예컨대 지난 정권에서 노사합의 없이 도입된 공공기관 성과연봉제 폐지 공약과 관련하여 유관기관을 비롯한 현장의 생생한 목소리를 듣기 위하여 공공기관 노조대표와 간담회를 갖고 성과연봉제 폐지 대책 등을 위한 격의 없는 토론을 진행했다. 성과연봉제 폐지 이행을 위한 방안 마련을 위해 기획재정부 담당부서 관계자와 세 차례에 걸쳐 간담회를 실시하였다. 아울러 경제1분과 소관 정부부처와 유관기관의 업무보고와 현장방문 시에는 반드시 성과연봉제 현황 및 개선방안을 보고받아 성과연봉제 폐지를 위한 환경을 조성하기 위해 노력했다.

(4) 국정과제 도출

경제1분과는 5월 22일 활동을 개시한 이후 부처별 업무보고, 현장방문, 주요 이슈별간담회 등을 통해 확인된 주요 현안과 과제를 중심으로 새 정부에서 중점적으로 추진해야 할 국정과제 도출에 나섰다.

지속적인 논의와 검토를 통해 경제1분과는 기획분과위원회와 사전협의와 보고·논의 후 최종적으로 새 정부의 경제 분야 국정과제로서 표와 같이 거시경제 분야 4개, 금융 분야 3개, 그리고 규제개혁 분야 1개 등 11개를 선정하고 각 과제별로 세부 실천과제와 이행계획안을 수립하였다.

〈표 17〉 경제1분과 소관 분야별 국정과제

분야	국정과제
거시경제	• 사회적경제 활성화 • 과세형평 제고 및 납세자 친화적 세무행정 구축 • 사회적 가치 실현을 선도하는 공공기관 • 좋은 일자리 창출을 위한 서비스 산업 혁신

금융	• 금융산업 구조 선진화 • 소득 주도 성장을 위한 가계부채 위험 해소 • 서민 재산형성 및 금융지원 강화
공정거래	• 공정한 시장질서 확립 • 재벌 총수 일가 전횡 방지 및 소유·지배구조 개선 • 공정거래 감시 역량 및 소비자 피해 구제 강화
규제개혁	• 민생과 혁신을 위한 규제 재설계

4. 경제2분과위원회

1) 개요

경제2분과위원회는 이개호 분과위원장 외 자문위원 5명, 보좌역 3명, 행정위원 1명 등으로 구성되었다. 위원들은 소관 분야에 따라 중소벤처, 산업·에너지, 과학기술·ICT, 국토교통, 농식품, 해양수산, 방송통신 등 7개 분야로 나뉘어 새 정부 국정과제의 큰 틀을 잡아나가는 활동을 전개했다.

경제2분과는 1차 산업부터 3차 산업까지 산업 전반을 포괄하여 실물경제 정책 분야의 정책 검토를 담당하였다. 주요 검토이슈들은 4차 산업혁명과 미래성장동력 확충, 중소·벤처기업 육성, 국가균형발전, 도시재생뉴딜과 공적임대주택 공급, 탈원전과 친환경에너지, 지속가능한 농업과 농산어촌, 해운강국과 해양안전, 미디어의 건강한 발전 등이었으며, 각 이슈들에 대해 다양한 이해관계자의 의견을 반영할 수 있도록 부처 업무보고 이외에도 전문가초청 간담회, 세미나, 현장방문, 분과회의를 진행했다.

2) 활동 목적 및 방향

경제2분과는 국가경쟁력을 높이고 미래 먹거리 창출을 위한 산업 육성과 국민들이 살기좋은 생활환경 조성이 모두 밀접하게 연관된 정책들을 검토한 분과로, 분과 소관 공약들이 5대 국정목표 중 '더불어 잘사는 경제', '내 삶을 책임지는 국가', '고르게 발전하는 지역'에 다수 포함되었다. 이러한 점을 고려하여 분과의 활동방향도 ▶혁신과 창업을 통한 경제성장 ▶서민과 중산층을 위한 민생경제 ▶골고루 잘사는 균형발전 등 세 가지 분야를 중심으로 주요 정책과제를 도출하는 데 집중하였다.

3) 주요 활동 내용

(1) 부처 업무보고

경제2분과는 5월 24일 산업부와 중기청을 시작으로, 25일 미래부·방통위·농식품부, 26일 국토부·해수부, 29일 원안위, 31일 행복청, 6월 2일 새만금청으로부터 1차 업무보고를 받았다. 1차 보고 이후 추가 확인이 필요한 사항을 점검하기 위해 5월 31일 중기청·행복청, 6월 1일 미래부·해수부, 2일 국토부·산업부·원안위, 7일 농식품부, 22일 방통위로부터 2차 업무보고를 받았다.

범부처 대응이 필요한 4차 산업혁명에 대해서는 6월 1일 오후 합동 업무보고를 추진하였다. 김진표 위원장과 경제2분과-기획분과가 공동 참여한 가운데 '4차 산업혁명에 기반한 창업국가'를 주제로 기재부·미래부·산업부·국토부·행자부·중기청 업무보고를 실시하였다. 합동 업무보고에서는 4차 산업혁명 대응전략 및 추진체계(기재부, 미래부), 미래형 신산업 육성 방안(미래부, 산업부), 혁신적 창업국가 실현 방안(중기청), 일자리 창출, 국토교통 미래형 신산업 육성(국토부), 4차 산업혁명과 데이터 기반 정부혁신(행자부) 등이 중점 보고·논의되었다.

주요 공공기관에 대한 업무보고도 다수 진행되었는데, 6월 7일에 개최된 LH 업무보고에서는 도시재생뉴딜과 공적임대주택 17만 호 공급, 한국도로공사 업무보고에서는 고속도로 통행료 무료화와 서울-세종 고속도로 사업방식 등이 보고되었다. 6월 14일 한국연구재단 업무보고에서는 한국연구재단의 연구지원 현황, 연구 다양성 보장 및 지방대학 연구지원 방안, 정부 정책과 연계한 발전 방안이 보고되었다.

(2) 전문가 초청 토론회 및 국정과제 토론회

경제2분과는 4차 산업혁명, 과학기술, 방송정책, 도시재생뉴딜 정책 등 주요 정책과제에 대해 바람직한 정책방향을 제시할 수 있도록 각계각층의 다양한 의견수렴을 위한 전문가 초청 토론회를 수차례 개최하였다.

또 경제2분과는 주요 쟁점 과제별로 중점 토론회를 개최하였다. 가장 큰 쟁점이었던 통신비 인하는 6월 9일 오후 약 2시간 동안 개최된 통신소비자단체 간담회 등 관련 단체토론회를 거쳐 의견을 수렴하고, 미래부로부터는 2차례 업무보고 이외에 6월 6일, 10일, 19일 등 추가협의를 통해 중점 논의하였다. 이와 같은 지속적인 협의를 진행한 결과 구체적인 가계통신비 부담 경감 방안을 도출하였다.

(3) 현장방문

경제2분과는 현장의 목소리를 직접 청취하기 위해 네 차례의 현장

답사를 실시하였다. 먼저 6월 20일에는 중소기업중앙회 현장방문에서는 저성장이라는 만성질환과 양극화, 고용절벽 심화로 어려움을 겪는 한국경제의 위기 상황을 이겨내기 위해 중소기업 및 소상공인 업계 애로사항 및 10대 정책과제를 중점적으로 논의하였다.

6월 23일에는 수원시 도시재생뉴딜 현장을, 오후에는 판교 테크노밸리를 현장답사하였다. 지방자치단체 마을만들기와 도시재생의 대표적인 수원시 행궁동 도시재생뉴딜 사례 현장방문에서는 수원시와 경기도의 지자체 도시재생 경험과 제안사항을 보고받고, 재생사례 현장에서 마을활동가와 주민의견을 생생하게 청취하였다.

6월 30일에는 나주 명하햇골(전통쪽염색, 사회적 기업)을 방문해 6차산업, 농촌관광 등 농산어촌 지역경제 활성화 방안에 대해 현장의 목소리를 청취하였다. 같은 날 오후에는 목포신항의 세월호 현장수습본부를 방문해 해수부와 세월호 선체조사위원회의 보고를 청취하고, 미수습자 가족과 4·16유가족협의회 가족들을 면담하고 위로하였다.

7월 4일에는 종로구에 있는 통인시장을 방문하여 소상공인 및 자영업자의 생활터전인 전통시장 등 골목상권 활성화를 위한 정책현장을 점검하고, 시장상인들과 격의 없이 소통하는 현장행보를 추진했다.

(4) 국정과제 및 핵심 어젠다 도출

경제2분과는 201개 대선공약 중 64개 공약, '5당 공통 공약', '내 삶을 바꾸는 정책(내삶바)' 등의 주요 공약을 면밀히 분석하였다. 또한 부처별 업무보고, 전문가 초청 정책간담회, 세미나, 현장방문, 광화문 1번가에서의 국민제안 등에서 제기된 다양한 의견을 반영하여 문재인 정부에서 중점을 두고 추진해야 할 국정과제 검토에 나섰다. 그 결과 중소벤처, 산업에너지, 과학기술·ICT, 농식품, 국토교통, 해양수산, 방송통신 등 각 분야에서 27개 국정과제를 선정하게 되었다.

〈표 18〉 경제2분과 소관 분야별 국정과제

분야	국정과제
중소벤처	• 더불어 발전하는 대·중소기업 상생 협력 • 소상공인·자영업자 역량 강화 • 혁신을 응원하는 창업국가 조성 • 중소기업의 튼튼한 성장 환경 구축 • 대·중소기업 임금 격차 축소 등을 통한 중소기업 인력난 해소
산업·에너지	• 고부가가치 창출 미래형 신산업 발굴·육성 • 친환경 미래에너지 발굴·육성 • 주력산업 경쟁력 제고로 산업경제의 활력 회복 • 탈원전 정책으로 안전하고 깨끗한 에너지로 전환 • 전 지역이 고르게 잘사는 국가균형발전 • 보호무역주의 대응 및 전략적 경제협력 강화
과학기술·ICT	• 소프트웨어 강국, ICT 르네상스로 4차 산업혁명 선도 기반 구축 • 자율과 책임의 과학기술 혁신 생태계 조성 • 청년과학자와 기초연구 지원으로 과학기술, 미래역량 확충 • 교통·통신비 절감으로 국민 생활비 경감(통신비 분야)
국토교통	• 국가기간교통망 공공성 강화 및 국토교통산업 경쟁력 강화 • 서민이 안심하고 사는 주거 환경 조성 • 청년과 신혼부부 주거 부담 경감 • 도시경쟁력 강화 및 삶의 질 개선을 위한 도시재생뉴딜 추진 • 교통·통신비 절감으로 국민 생활비 경감(교통비 분야)
농식품	• 누구나 살고 싶은 복지 농산어촌 조성 • 농어업인 소득안전망의 촘촘한 확충 • 지속가능한 농식품 산업 기반 조성
해양수산	• 해양영토 수호와 해양안전 강화 • 해운·조선 상생을 통한 해운강국 건설 • 깨끗한 바다, 풍요로운 어장
방송통신	• 미디어의 건강한 발전 • 표현의 자유와 언론 독립성 신장

5. 사회분과위원회

1) 개요

사회분과원위회는 김연명 분과위원장 외 자문위원 5명, 특별보좌역 (노동) 1명, 보좌역 4명, 전문위원 13명, 행정위원 1명 등으로 구성되었다. 자문위원과 전문위원은 전문성에 따라 보건복지, 고용노동, 교육, 문화체육관광, 환경, 여성가족 등 6개 분야로 나뉘어 국정과제를 기획하고 수립하는 활동을 진행하였다.

사회분과 6개 분야의 주요 쟁점 과제는 각각 ▶사회서비스공단을 통한 양질의 일자리 확충 ▶건강보험 하나로 건강보장 완성 ▶차별이 없는 좋은 일터 만들기 ▶유아에서 대학까지 교육의 공공성 강화 ▶예술인 창작권 보장 기반 마련 ▶실질적 성평등 실현이었다. 또한 복합·혁신 과제는 ▶불평등 완화와 소득 주도 성장을 위한 일자리 경제 ▶교육·노동·복지 체계 혁신으로 인구절벽 해소 등 두 가지였다.

사회분과에서는 실효성 있는 국정과제를 설정하기 위해서 해당 부처 업무보고, 분과회의, 관련 전문가와 단체 실무자 초청 간담회, 그리고 현장방문 등을 통해 국민의 의견을 충분히 수렴하고자 노력하였다.

2) 활동 목적 및 방향

사회분과의 활동 목적은 국가의 기본적이며 적극적인 역할인 복지국가 완성을 위한 초석을 다지는 것이었다. 우리나라는 복지국가로 진입하기 위해 다양하고 지속적인 노력을 기울이며 현재에 이르고 있다. 그러나 국민의 삶과 밀접한 교육·보건의료·복지·고용·주거·노후보장·환경, 그리고 성평등 측면에서 여타 선진국에 비해 취약한 점이 많은 것은 주지의 사실이다.

문재인 정부는 대선 과정에서 '국민의 삶을 책임지는 정부'가 될 것을 약속하였다. 이를 위해 우선 대선공약 '나라를 나라답게'와 대통령 선거 당시 공약으로 발표된 '내 삶을 바꾸는 정권교체 시리즈' 자료를 검토하였다. 두 번째, 타 후보의 공약 중에서 새 정부가 수용가능한 공약이 있는지를 살펴보았다. 세 번째, 관련 부처와 내부 위원이 필요성이 있다고 판단하는 과제를 선정하고 논의를 진행하였다. 마지막으로, 국정기획자문위원회에서 국민의 다양한 의견을 듣기 위해서 광화문에 설치한 국민인수위원회에 접수된 제안서 등을 검토하였다.

이와 같이 관련 자료를 촘촘히 검토한 후에 해당 부처와 내부 위원 간 수차례 논의를 통해 국정과제 31개를 선정하였다. 이어서 국정과제별로 세부적인 실천과제를 선정하였으며, 각 실천과제별 구체적인 이행계획서 등을 작성하였다.

3) 주요 활동 내용

(1) 부처 업무보고

사회분과에서는 5월 24일 여성가족부와 보건복지부를 시작으로, 25일 교육부·고용노동부, 26일 환경부·문화체육관광부 등 8개 사회부처 업무보고의 장을 마련하였다. 각 부처의 업무보고는 새 정부의 대선공약 이행 방안을 중심으로 이루어졌다.

소관 기관	날짜	주요내용
보건복지부	5.24	• 사회서비스 일자리 창출 및 생애주기별 소득지원제도 • 치매국가책임제 • 저출산 문제 해결 • 건강보험 하나로 의료비문제 해결 • 의료 공공성 강화
여성가족부	5.24	• 다양한 가족의 안정적인 삶 지원 및 사회적 차별해소 • 아동·청소년의 안전하고 건강한 성장지원 • 실질적 성평등 사회 실현
고용노동부	5.25	• 공공부문 일자리 81만 개 창출 등 일자리 중심 국정 운영 • 수요자 맞춤형 고용정책 • 비정규직 차별 금지 및 격차 해소 • 실직과 은퇴에 대비하는 일자리 안전망 강화 • 차별 없는 좋은 일자리 만들기 • 휴식 있는 삶을 위한 일상생활의 균형 실현
교육부	5.25	• 민생·복지·교육 강국 대한민국 • 교육의 국가책임 강화 • 교육의 공정성 제고 및 계층사다리 복원 • 고등교육의 질 제고 및 평생직업 교육 혁신 • 미래교육 환경조성 및 안전한 학교 구현 • 교육 민주주의 회복 및 교육 자치 강화
문화체육관광부	5.26	• 문화계 블랙리스트 진상조사 계획의 구체화 및 신속 시행 • 미디어 교육 등 건전한 미디어산업 육성 방안 보완 • 문화부문 좋은 일자리 확충을 위한 혁신적인 방안
환경부	5.26	• 향후 5년간 미세먼지 30% 감축을 위한 대책 • 4대강 재자연화를 포함한 통합적 물 관리체계 개편 방안 • 생활 화학제품 안전관리 • 이용과 보전이 조화되는 국토환경 조성 방안
국가보훈처	5.30	• 국가보훈 대상자에 대한 예우 강화
식품의약품 안전처	5.29	• 소비자 중심의 식의약품 안전관리 • 건강한 식생활 환경 조성

부처 업무보고가 이루어진 후에는 각 부처 소속기관 등에서 정부의 국정과제 이행을 위한 업무보고를 하였다. 먼저 5월 27일에는 환경부 소속기관인 기상청, 한국환경공단, 그리고 수자원공사의 업무보고가 있었다. 5월 29일에는 식품의약품안전처, 국민건강보험공단, 건강

보험심사평가원, 그리고 국민연금공단의 업무보고가 있었다. 5월 30일 오전에는 고용노동부 소속기관인 한국산업인력공단, 근로복지공단, 그리고 중앙노동위원회에서 업무보고를 하였다. 5월 30일 오후에는 문화체육관광부 소속 문화재청, 교육부 소속 국사편찬위원회와 한국장학재단의 보고도 이루어졌다.

(2) 전문가 초청 토론회 및 관련 단체 간담회

사회분과에서는 8개 부처 업무보고 이후 국정과제 선정의 타당성을 점검하고, 과제의 효율적인 실행 방안을 설정하기 위해서 전문가 초청 토론회를 개최하였다. 전문가 초청 토론회는 크게 보건복지 분야, 고용노동 분야, 교육 분야, 문화체육관광 분야, 환경 분야, 여성가족 분야에서 이루어졌다.

또 사회분과에서는 정책의 대상자인 국민의 의견을 듣기 위해 관련 단체와 간담회를 개최하였다. 먼저 보건복지 분야에서는 아동보호전문기관, 간호간병통합서비스 시행기관, 보건의료 전문단체장, 국립대학병원장 및 사립대학병원장, 보건의료 시민단체 2개 단체와 간담회를 진행하였고, 고용노동 분야에서는 청년단체와 간담회를 개최하였다. 또 교육 분야는 교육감협의회 간담회에서 대학 구조개혁과 재정지원 사업 재편에 대해 논의하고, 문화체육관광 분야에서는 언론 관련단체 간담회를 가졌다. 마지막으로 환경 분야에서는 지속가능발전위 구성·운영 관련 시민사회단체 간담회를 개최하였다. 이 간담회에서 지속가능발전 이행을 위한 법률 및 거버넌스 강화 방안과 국내 지속가능발전 어젠다와 관련된 시민사회의 참여 및 역할에 대한 논의가 이루어졌다.

(3) 현장방문

사회분과에서는 관련 현장방문을 통해 국정과제의 완결성을 높이고자 하였다.

먼저 보건복지 분야에서는 학대아동을 보호하는 기관인 서울 성북구 아동보호 전문기관 등을 방문했고, 고용노동 분야에서는 한국노동조합총연맹, 전국민주노동조합총연맹, 대한상공회의소, 그리고 중소기업중앙회를 방문하고 노사 현안에 대한 의견을 들었다. 교육 분야에서는 서울 도봉고등학교를 방문하고 고교학점제 활성화를 위한 방안을 모색하고, 환경 분야에서는 함안보 농업용수 양수장 현장을 방문·점검하고 개선방안을 제시하고자 하였다.

마지막으로, 3개 부처(교육부, 보건복지부, 여성가족부) 합동으로 온종일 돌봄체계 현장을 방문하고 간담회를 개최하여 지자체 중심의 온종일 돌봄체계 구축 필요성에 대한 논의를 진행하였다.

(4) 국정과제 선정 및 핵심 어젠다 도출

사회분과에서는 대선 공약과 선거기간 중 보도자료 등을 토대로 해당부처, 전문가, 내부 위원 간 수차례 논의를 거쳐서 31대 국정과제를 선정하였다.

〈표 20〉 사회분과 소관 분야별 국정과제

분야	국정과제
보건복지	• 사회서비스 공공 인프라 구축과 일자리 확충 • 고령사회 대비, 건강하고 품위 있는 노후생활 보장 • 미래세대 투자를 통한 저출산 극복 • 국민의 기본생활을 보장하는 맞춤형 사회보장 • 건강보험 보장성 강화 및 예방 중심 건강관리 지원 • 의료 공공성 확보 및 환자 중심 의료서비스 제공소

고용노동	• 노동존중 사회 실현 • 국민의 눈높이에 맞는 좋은 일자리 창출 • 성별, 연령별 맞춤형 일자리 지원 강화 • 실직과 은퇴에 대비하는 일자리 안전망 강화 • 차별 없는 좋은 일자리 만들기 • 휴식 있는 삶을 위한 일상생활의 균형 실현
교육	• 유아에서 대학까지 공공성 강화 • 교실 혁명을 통한 공교육 혁신 • 교육의 희망 사다리 복원 • 고등교육의 질 제고 및 평생직업 교육 혁신 • 미래교육 환경조성 및 안전한 학교 구현 • 교육 민주주의 회복 및 교육 자치 강화 등
문화체육관광	• 창작환경 개선과 복지 강화로 예술인의 창작권 보장 • 지역과 일상에서 문화를 누리는 생활문화 시대 • 공정한 문화산업 생태계 조성 및 세계 속 한류 확산 • 모든 국민이 스포츠를 즐기는 활기찬 나라 • 관광복지 확대와 관광산업 활성화 • 다양한 가족의 안정적인 삶 지원 및 사회적 차별 해소
환경	• 미세먼지 걱정 없는 쾌적한 대기환경 조성 • 지속가능한 국토환경 조성 • 신기후체제에 대한 견실한 이행체계 구축
여성가족	• 아동, 청소년의 안전하고 건강한 성장 지원 • 실질적 성평등 사회 실현
보훈	• 국가에 대한 헌신을 잊지 않고 보답하는 나라
환경·식약	• 국민 건강을 지키는 생활안전 강화

6. 정치·행정분과위원회

1) 개요 및 활동 목적

정치·행정분과위원회는 박범계 분과위원장 외 자문위원 3명, 보좌역 1명, 전문위원 11명, 행정위원 1명 등으로 구성되었다. 감사원·국가인권위원회·국무조정실·국민안전처·인사혁신처·법제처·법무부·행정자치부·국민권익위원회·경찰청 소관의 핵심 국정과제를 도출하는 것을 목표로 운영되었다.

정치·행정분과 해당 국정목표는 ▶국민주권의 촛불민주주의 실현 ▶소통으로 통합하는 광화문 대통령 ▶투명하고 유능한 정부 ▶권력기관의 민주적 개혁 ▶국민안전과 생명을 지키는 안심사회 ▶풀뿌리 민주주의를 실현하는 자치분권 등 6개였다. 수차례의 분과회의, 전문가 초청 세미나, 현장 방문 등을 통해 해당 기관·단체 간 이견을 조정하고, 문재인 정부의 국정철학, 특히 국민들이 촛불시민혁명으로 이루어낸 새 정부에 대한 염원을 국정과제와 이행계획에 충실히 반영하고자 노력하였다.

2) 주요 활동 내용

(1) 부처 및 산하기관 업무보고

정치·행정분과는 5월 24일 행정자치부 업무보고를 시작으로 25일 법무부, 27일 경찰청, 28일 감사원 및 국가인권위원회, 29일 국민권익위원회, 30일 인사처 및 법제처, 31일 국민안전처까지 총 9개 부처에 대한 업무보고를 개최하였다.

〈표 21〉 정치·행정분과 부처 업무보고 주요내용

소관 기관	날짜	주요내용
행정자치부	5.24	• 국민과 소통하는 대통령 • 열린 정부 서비스하는 행정 • 시민사회 확대, 과거사 진실규명, 개인정보 보호 • 중앙권한 지방이양을 통한 지방분권 강화 • 강력한 재정분권을 위한 지방세제 개편
법무부	5.25	• 국정농단 적폐청산 • 반부패 개혁, 방위사업 비리 척결 • 검찰 인사 중립성·독립성 강화 • 법무·검찰 개혁 방안

경찰청	5.27	• 공동체 예방치안 활성화로 주민 생활 안전 강화 • U-20 월드컵 대회 및 평창동계올림픽 경비대책 등 현안 대응 계획 • 검경수사권 조정, 경찰위원회 실질화를 통한 민주적 통제 강화 • 광역단위 자치경찰제 전국 확대 등
감사원	5.28	• 감사원의 독립성·투명성 강화 방안 • 불공정 갑질 근절 대책 등 공약 이행계획 • 국정과제의 원활한 추진을 지원하는 감사대책
국가인권위원회	5.28	• 저출산·고령화에 대응한 인권보장 강화 • 취약계층 인권보장 강화, • 4차 산업혁명 과정에서의 노동인권 및 정보인권 보호 강화 • 인권친화적 병영문화 정착 등
국민권익위원회	5.29	• 「청탁금지법」의 안정적 정착을 위한 방안 • 국가청렴위원회(가칭) 설립 • 내부 고발자 등 공익신고자에 대한 보호 강화
인사혁신처 법제처	5.30	• 세월호 기간제 교원 순직 인정 절차 추진 • 공직 윤리 제도 개선 방안 • 국민휴식권 보장에 관한 방안
국민안전처	5.31	• 국민안전 100일 특별대책 • 재난안전통신망 구축 • 긴급재난문자 운영체계 개선 • 국가위기관리센터 중심의 일원화된 지휘체계 구축

　부처 업무보고 종료 후에는 산하기관 업무보고가 이어졌다. 6월 14일에는 도로교통관리공단과 공무원연금공단 업무보고가 있었으며, 6월 20일 지방자치발전위원회를 끝으로 업무보고를 마쳤다. 업무보고를 통해 위원들은 다양한 부처의 현안 및 애로사항을 파악하고 공약이행을 위해 개선이 필요한 사안들에 대해서 깊이 있게 논의하고 분석하는 시간을 가졌다.

(2) 민간 전문가 참여 세미나 개최

　정치·행정분과는 소관 국정과제와 관련한 주요 현안에 대하여 전문가의 의견을 수렴하고 정책 아이디어를 얻기 위해 여러 차례의 전문가 초청 세미나를 개최하였다. 지방재정 및 국가재정 이해와 개혁과제에 대해 곽채기 동국대 교수를 초빙하여 두 차례의 세미나를 개최하였다.

6월 22일에는 거버넌스 분야 세계적 석학인 가이 피터스(Guy Peters) 미국 피츠버그대 정치학과 석좌교수이자 국제정책학회 회장을 초빙하여 '촛불혁명 이후 수평적 정책조정의 중요성과 한계'를 주제로 강연을 듣는 시간을 가졌다. 피터스 교수는 특강에서 "이번 촛불혁명에 대해서는 잘 알고 있다"며 "민주정부 아래서 가능한 경이로운 일"이라고 평가했다. 그러면서 "촛불혁명에서 보여준 시민의 참여가 일시적인 것에 그치지 않도록 해야 한다. 시민의 참여를 구조화, 정례화, 일상화하는 것이 중요하다"며 "이를 위해 정부도 노력해야 하며, 특히 각 부처의 관계를 수평적으로 관리해야 한다"고 말했다.

6월 26일에는 공무원 인사 및 조직관리에 대한 세미나를 열고, 6월 29일에는 정보공개 및 기록물 관리 관련 세미나가 개최되었다. 6월 30일 '열린 혁신 정부, 서비스하는 행정토론회'를 열고, 이 자리에서 정부조직 내 민주화, 데이터 활용을 통한 인공지능 행정서비스 제공 등 다양한 정부혁신 기제에 대해 논의하였다. 또 7월 5일, 공공감사 운영 지원 및 공공기관에 대한 감사운영 현황에 대한 세미나를 개최하면서 효과적인 국정과제가 도출될 수 있도록 최선의 노력을 기울였다.

(3) 국정과제 및 실천과제 도출

정치·행정분과는 5월 22일 위원회 활동 개시 이후 소관 국정과제를 도출하기 위해 수십 차례 분과회의를 개최하여 대통령 대선공약을 면밀하고 심도 있게 분석하였고, 주요 현안과 관련한 전문가 세미나 및 초청 강연 등을 통해 다양하고 유익한 정책의견을 수렴하였다. 이

러한 과정을 거쳐 새 정부에서 중점을 두고 추진해야 할 15개 핵심 국
정과제와 76개 실천과제를 선정하고 과제별 이행계획을 수립하였다.

〈표 22〉 정치·행정분과 소관 분야별 국정과제

분야	국정과제
민주·인권 정치 개혁	• 적폐의 철저하고 완전한 청산 - 반부패 개혁으로 청렴한국 실현 - 국민 눈높이에 맞는 과거사 문제 해결 - 국민 인권을 우선하는 민주주의 회복과 강화 - 국민주권적 개헌 및 국민참여 정치개혁 - 국민의, 국민을 위한 권력기관 개혁
정부혁신	• 365일 국민과 소통하는 광화문 대통령 • 열린 혁신 정부, 서비스하는 행정 • 적재적소, 공정한 인사로 신뢰받는 공직사회 구현
고르게 발전하는 지역	• 획기적인 자치분권 추진과 주민 참여의 실질화 - 지방재정 자립을 위한 강력한 재정분권 - 세종특별자치시 및 제주특별자치도 분권모델의 완성
국민안전 민생치안	• 민생치안 역량 강화 및 사회적 약자 보호 • 안전사고 예방 및 재난 안전관리의 국가책임체제 구축 • 통합적 재난관리체계 구축 및 현장 즉시대응 역량 강화

7. 외교·안보분과위원회

1) 개요

외교·안보분과위원회는 이수훈 분과위원장 외 자문위원 3명, 보좌
역 1명, 전문위원 9명으로 구성되었다. 통일부·외교부·국방부·국정원
소관에 대한 국정과제 수립 및 이행계획서 작성 업무를 담당하였다.

문재인 대통령의 대선 공약을 토대로 새 정부가 원활하게 외교안보
정책을 추진해나갈 수 있도록 통일·외교·국방 각 분야의 전략 목표를
설정하고 이를 국정과제 및 세부 실천과제로 만들어 정책화함으로써

향후 문재인 정부의 국정운영의 방향과 과제를 제시하는 데 중점을 두었다. 이와 함께 북핵문제의 평화적 해결 및 평화체제 구축, 한반도 신경제지도 구상, 동북아플러스 책임공동체 형성, 국방개혁 등 주요 정책과제에 대해서는 보다 심도 있는 논의와 검토를 진행함으로써 향후 정부의 통일외교안보 정책이 보다 깊이 있고 체계적으로 추진되는 데 기여할 수 있도록 노력하였다.

이를 위해 소관 부처 및 관계기관으로부터 업무보고를 받아 업무 추진 현황을 파악하고 문제점을 도출하여 개선방안을 마련토록 하는 한편, 각 소관 부처와 긴밀한 소통 및 협조체제를 구축함으로써 향후 정부가 추진할 국정과제에 정책현장의 목소리가 보다 깊이 반영될 수 있도록 하였다. 또한 주요 정책과제에 대해서는 전문가 간담회 및 내부 토론회를 수시로 개최하는 방식을 취함으로써 짧은 기간임에도 불구하고 최대의 성과를 내는 데 집중하였다.

2) 활동 목적 및 방향

외교·안보분과는 문재인 정부의 외교안보 분야 국정목표를 '평화와 번영의 한반도'로 제시하였다. 여기에는 북한의 핵·미사일 개발로 인해 한반도 및 국제사회의 평화와 안정이 심각한 위협을 받고 있는 상황에서 국제 공조를 바탕으로 이를 해결하고, 한반도에 평화를 정착시키는 것이 최우선 목표라는 인식을 바탕으로 한 것이다. 남북관계를 새롭게 정립하고 발전시킴으로써 남북이 함께하는 번영의 장을 열어가겠다는 강한 의지도 함께 포함되었다.

이러한 목표를 달성하기 위한 각 분야의 전략은 '강한 안보와 책임 국방', '남북 간 화해협력과 한반도 비핵화', '국제협력을 주도하는 당당한 외교'로 구체화되었다.

3) 주요 활동 내용

(1) 업무보고

외교·안보분과는 5월 24일 외교부 업무보고를 시작으로 6월 23일까지 1달여간 국방부, 통일부, 외교부, 국정원, 방사청, 병무청, 민주평화통일자문회의 등 7개 정부기관, KOICA, 한국국제교류재단, 국립의료원, 제주평화연구원, 통일연구원, 한국국방연구원, 대외경제정책연구원 등 7개 유관기관으로부터 업무보고 및 간담회를 실시하였다.

〈표 23〉 외교·안보분과 부처 업무보고 주요내용

소관 기관	날짜	주요내용
외교부	5.24	• 과거 외교정책에 대한 평가 • 새 정부의 외교 기조에 대한 보완 방향 • 북핵문제, 주변국 외교정책
국방부	5.25	• '사드 배치', '3축 체계 구축 및 통합관리', '국방개혁', '전시작전통제권 전환' 등 대선 공약 이행 방안
방위사업청	5.25	• 방산비리 척결 방안 • 전투기 도입 등 대형 무기사업 현황과 비리 근절 대책
통일부	5.26	• 남북관계 개선 방안 • '한반도 신경제지도 구상', '남북기본협정 체결', '통일국민협약' 등의 주요 공약 이행계획
국가정보원 (비공개업무보고)	5.31	• 국정원 개혁 방안 • 조직·예산·인사 전 분야에 대한 개혁 논의
한국국제협력단 (KOICA)	6.1	• 공적개발원조(ODA) 개선 방안 • 4차 산업혁명 등 신산업 규제완화 방안 • 생명·안전·환경 등 사회적 규제 합리화 방안
한국국제교류재단 (KF)	6.1	• 공공외교 강화 방안 • 미·중·일·러 주변 4국에 대한 전략적 공공외교 활성화 방안
국립외교원	6.4	• 공공외교 수행기관으로서의 중요성 강조

제주평화연구원	6.4	• 동북아 평화와 공동번영 방안
민주평화통일 자문회의	6.13	• 조직개혁 방안 • 평화통일 위한 국민 역량 결집 및 확대 방안
병무청	6.15	• 사회적 관심계층(고위공직자, 체육관계자, 연예인 등)의 병역면탈 행위 근절 대책 • 사병 복무기간 단축에 따른 중장기적 병역자원 수급 대책

(2) 전문가 초청 토론회

외교·안보분과는 국정목표와 국정전략에 따라 선정된 국정과제 중에서 핵심 정책과제를 선정하였으며, 이러한 주제에 대해서는 수차례의 전문가 토론회를 개최하여 보다 폭넓은 의견수렴과 논의가 이루어질 수 있도록 하였다. 우선, 한반도에 가장 시급한 위협인 북핵문제 해결을 위해 '한반도 비핵화 및 평화체제 구축'과 관련 전문가를 초청하여 토론회를 실시하는 한편, 해당 업무를 담당하고 있는 외교부와 통일부 관계자와 수차례 회의를 실시하여 북핵문제를 해결과 평화체제 구축에 대한 다양한 방안을 논의하였다.

국방 분야는 '국방개혁'을 핵심 어젠다로 정하였다. 국방개혁의 세부 과제는 병력규모 감축, 병 복무기간 단축, 전작권 전환을 위한 군사능력 확보 등 핵심과제는 물론 방산비리 척결, 병영생활 부조리 차단 등 그동안 국방 분야에서 제기되어 왔던 다양한 개혁 과제들을 포함하는 광범위한 과제이다. 따라서 국방개혁이 추진되는 과정이 '책임국방'이라는 새 정부의 목적에 맞게 진행될 수 있도록 다양한 논의를 진행하였다.

통일 분야에 있어서는 한반도 신경제지도 구상을 핵심 정책과제로 정하고 이를 어떻게 추진할지에 대한 논의를 진행하였다. 동해권 에너지·자원 벨트, 서해권 산업·물류·교통벨트, 접경지역 평화벨트와 남북

시장협력으로 구성된 '한반도 신경제지도 구상'은 남북 간 경제공동체 추진을 통해 한반도를 동북아 지역의 경협 허브로 도약시킨다는 큰 틀의 구상으로, 이를 구체화하는 틀을 마련하기 위해 노력하였다.

외교 분야에서는 '동북아플러스 책임공동체 형성'을 핵심 과제로 정하고 다양한 논의를 진행하였다. 동북아플러스 책임공동체는 동북아 지역의 지정학적 긴장·갈등 구도를 타파함으로써 장기적인 평화·협력적 환경을 조성하는 한편 동북아 지역에 머무르지 않고 북방대륙과 남방해양으로 진출하여 민족의 미래번영을 주도하기 위한 구상이다. 이를 구체화하기 위해 다수의 외부 전문가와 관계부처 담당자와의 구체적인 검토회의까지 다양한 형태의 토론·협의를 진행하였다.

(3) 내부 토론회 개최

국정과제 선정은 부처 업무보고 후 외교·안보분과 내부의 집중적인 토론 과정을 거쳐 초안을 마련하고 기획분과와의 협의를 통해 보다 큰 틀에서 조정을 거치는 식으로 보완·발전되었다. 업무보고 진행 및 분과의 자체적인 토론을 통해 공약과 각 부처 업무 추진의 현장성을 반영할 수 있는 국정과제안을 마련하였다.

이렇게 마련된 초안을 토대로 외교·안보분과는 6월 5일 윤호중 기획분과위원장 주재하에 김경수 TFT 팀장, 이수훈 외교·안보분과 위원장을 비롯한 자문위원 및 전문위원들이 참석한 가운데 국정과제 검토회의를 개최하여 외교·안보분과 소관 국정과제와 주요 공약, 핵심 현안 등에 대해 논의하였다. 1차 검토회의에서는 외교·안보분과 차원을 넘어 국정과제 재조정과 관련한 협의, 외교안보 분야 선정 국정과제에 대한 정책·예산 등이 검토되었으며, 국정과제 이행계획 작성과 관련하여 향후 5년간의 추진방안을 구체적으로 작성해줄 것이 당부되었다.

이러한 협의 결과를 반영하여 국정과제가 보다 핵심적으로 정해질 수 있도록 외교·안보분과 자체 논의를 통해 2차 안을 만들었으며, 6월 14일 기획분과와 2차 국정과제 회의에서 이를 검토하였다. 이를 통해 개선·보완된 내용을 평가하고 추가 반영 필요사항을 논의했으며, 특히 이행계획과 관련하여 군 장병 월급 인상 등 주요 쟁점사항이 협의·조정되었다.

(4) 국정과제 선정

외교·안보분과는 201개 대선 공약 중 관련 71개 공약, '내 삶을 바꾸는 정책(내삶바)' 등의 주요 공약을 면밀히 분석하였다. 또한 부처별 업무보고, 전문가 초청 토론회, 내부토론회 등에서 제기된 다양한 의견을 반영하여 문재인 정부에서 중점을 두고 추진해야 할 국정과제 검토에 나섰다. 그 결과 '강한 안보와 책임국방', '남북 간 화해 협력과 한반도 비핵화', '국제협력을 주도하는 당당한 외교' 등 3대 국정전략에 대해 16개 국정과제를 선정하였다.

Ⅳ. 국민인수위원회와 광화문 1번가

1. 설치 배경

국민인수위원회는 "국민 모두가 인수위원이 되어 정책을 제안할 수 있는 온·오프라인 소통 창구를 개설하고 최종 결과를 국민에게 보고하라"는 문재인 대통령의 지시(2017.5.12)에 따라 국정기획자문위원회 내에 설치된 국민참여기구이다.

국민인수위원(일반국민), 간사위원 1인(청와대 사회혁신수석), 국민소통위원 2인(홍서윤, 서천석)으로 구성되었으며, 국민제안에 대한 경청, 분석 및 정책반영을 위한 지원기획단은 중앙부처 공무원 3개팀(기획, 현장, 분류) 44명과 민간전문가 28명(민주연구원 2명, 한국소비자원 1명, 법률구조공단 1명, 민간 기획·운영 및 온라인팀 20명)으로 구성되었다.

국민인수위원회는 온·오프라인 소통 공간의 명칭을 '광화문 1번가'로 정하고 서울 세종로 한글공원에 모듈형 컨테이너 방식으로 열린 광장을 설치하여 5월 25일부터 7월 12일까지 50일간 운영하였다. '광화문 1번가' 온라인 공간(www.gwanghwamoon1st.go.kr)은 5월 24일 개설되어 같은 기간 운영되었다.

2. 활동 목적 및 방향

문재인 정부는 국정철학으로 '소통과 통합', '갈등해소와 공존', '평등·공정·정의'를 천명하고 국민의 목소리를 새 정부의 국정과제에 반영하기 위해 국민참여기구의 운영을 결정(5.16, 국무회의 의결)하였다. 기존에 국민제안이나 민원접수 창구가 있음에도 불구하고 국민참여기구인 국민인수위원회를 별도로 운영한 것은 국민들의 목소리를 경청하고 정책에 반영하겠다는 새 정부의 의지를 표명한 것이다.

국민인수위원회는 소통위원으로 서천석 마음연구소 소장과 홍서윤 전 KBS 앵커를 임명했다. 정신의학과 전문의인 서천석 소장의 임명은 갈등과 상처를 겪고 있는 우리 사회를 대화를 통해 치유하겠다는 취지이며, 홍서윤 전 앵커의 임명은 장애인 최초의 앵커로서 사회적 약자와 소수자를 대변하고 국민의 목소리를 낮은 자세로 경청하겠다는 새정부의 철학을 반영한 것이다.

국민인수위원회는 '광화문 1번가'에서 경청과 공감에 중점을 두고 다양한 기획 프로그램을 운영하였다. 외교·안보·복지·교육·문화·미디어 등 주제별 '열린포럼'을 기획하여 시민사회와 정책담당자가 머리를 맞댈 수 있는 심도 있는 토론의 장을 제공했고, 우리 사회의 소수자들이 공론의 장에서 발언할 수 있는 기회를 제공하기 위해 시민발언대인 '국민마이크'를 운영하였다. 이밖에도 민원인의 감정상담 공간인 '경청마루', 청각장애인을 위한 자막통역, '국민이 만드는 대통령의 서재' 등 다양한 소통 프로그램을 운영했다.

3. 온·오프라인 정책제안 접수센터 '광화문 1번가' 운영

1) 오프라인 광화문 1번가

'광화문 1번가' 오프라인 열린광장은 서울 세종로 한글공원에서 5월 25일부터 7월 12일까지 50일 동안 매주 화요일에서 일요일 오전 10시부터 오후 6시까지, 수요일에는 오후 8시까지 연장 운영되었다. 현장을 방문한 국민인수위원들은 포스트잇으로 새 정부에 바라는 점을 적어 게시판에 붙이거나 환영센터에서 제안자의 신원과 제안 제목, 내용을 적은 '광화문 1번가' 접수카드를 갖고 해당 부스로 들어가서 정책 제안을 했다. '광화문 1번가'에는 정책을 제안할 수 있는 공간뿐 아니라 '열린포럼', '국민마이크'를 진행할 수 있는 스페셜 공간이 설치되어 있고, 응급환자가 발생할 경우에도 바로 처치가 가능하도록 의무실과 함께 구급차가 상시 대기하고 있었다.

국민인수위원회는 지역사회와 소통하고 시민들이 새 정부에 기대하는 다양한 의견을 듣기 위해 17개 시·도에 '국민인수위원회 in 지자체'를 개설·운영했다. 또한 하승창 사회혁신수석은 네 차례에 걸친 '찾아가는 국민인수위원회'를 통해 대전, 광주, 대구, 제주 지역의 현안을 경청하고 시민사회 관계자들과 소통하는 자리를 갖기도 했다.

2) 온라인 광화문 1번가, 우편접수, 콜센터 등
다양한 접수채널 운영

온라인 플랫폼 '광화문 1번가' 누리집(www.gwanghwamoon1st.go.kr)은 5월 24일 오픈되었다. 정권교체의 주역인 국민들이 함께 촛불을 들었던 '직접 민주주의' 상징적장소인 '광화문광장'을 온라인상에 구현하겠다는 콘셉트로 만들어졌다. 누리집에서는 정책제안과 함께 접수제안 전체보기 기능을 통해 국민들이 어떤 정책을 제안하였는지 볼 수 있도록 하였고, 실시간으로 접수되고 있는 접수건을 공개하였다. 또한 인사혁신처 국가인재데이터베이스 누리집과 연결하여 직위에 맞는 자격요건을 갖춘 인재를 추천하는 코너도 만들었다. 국민인수위원회는 접수된 정책 제안을 모아 국민경청보고서와 국민공감보고서 메뉴를 만들고 '좋아요, 댓글, 공유' 기능을 추가해 소통을 강화하였다. 접수된 정책과 제안자의 데이터를 기준으로 성별, 지역, 연령대별 통계 보고서 '알뜰신통(알아두면 쓸데없는 신선한 통계)'도 주2회 게재했다.

[그림 7] '광화문 1번가' 누리집 화면

'광화문 1번가'는 오프라인 열린광장, 누리집 운영 외에도 문자, 이메일, 우편, 콜센터 등 다양한 접수채널을 개설하여 최대한 많은 국민들이 불편을 느끼지 않고 쉽게 의견을 개진할 수 있도록 운영하였다.

3) 광화문 1번가 내 불공정센터

국민인수위원회는 국민이 불공정 사례·개선사항을 제안할 수 있는 현장 및 온라인 접수처인 불공정센터도 개설했다. 문재인 대통령은 5월 25일 제1차 수석보좌관회의를 통해 "불공정한 현실을 바로잡는 것이 공정과 정의를 갈망하는 촛불민심"이라며 "새 정부를 위한 정책 제안 접수뿐 아니라 불공정 사례까지 함께 듣고, 제도적인 개선방안을 강구하라"고 지시하였다. 이에 따라 국민인수위원회는 공정거래위원회와 고용노동부 등 유관부처에서 인력을 파견받아 전담팀을 구성하고, 접수된 불공정 사례와 제안을 처리했다. 또한 6월 1일부터 18일까지 불공정 사례 집중 접수기간을 정해 불공정 관련 사례를 별도로 접수하였다.

4) 정책제안 접수 결과

'광화문 1번가'에 접수된 국민 제안은 접수 종료 시까지 온·오프라인을 합하여 모두 18만 705건이 접수되었다. 경로별 접수현황을 살펴보면 현장접수(면담+서면) 7,893건(4.3%), 누리집(인재추천 포함) 16만 1,827건(89.6%), 콜센터 8,077건(4.5%), 우편(이메일 제출건 포함) 2,908건(1.6%) 순으로 하루 평균 약 3,000건이 접수된 것으로 나타났다.

국민들은 정치·경제 문제에서 반려동물에 이르기까지 광범위한 영역에 걸쳐 다양한 제안을 제출했다. 공약(12대 약속)별로는 민생·복지·교육 분야가 6만 6,518건(39.01%)으로 가장 많았고, 일자리 2만 7,970건(16.4%), 부정·부패청산 2만 895건(12.25%) 순으로 국민들의 생활 속 관심사가 반영된 것으로 나타났다. 특히 비정규직 해소 등 일자리의 질적 개선과 대학입시제도 개선과 사교육비 절감 등의 사안에 대해 많은 제안이 접수되었다.

〈표 24〉 광화문 1번가 국민제안 접수 결과

(단위: 건)

구분	총누계	현장 (면담+서면)	홈페이지 인재추천포함	콜센터	우편 이메일제출건 포함
총누계	180,705	7,893	161,827	8,077	2,908
정책 제안	170,535	7,069	158,432	2,176	2,858
인재 추천	1,746	46	1,688	0	12
불공정	2,528	778	1,707	5	38
기타	5,896	0	0	5,896	0

V. 핵심업무 5개 TFT 활동 내용

60일이라는 짧은 기간이었지만 국정기획위는 5년의 국정운영 설계도를 신중하면서도 신속하게, 전문적이고 체계적으로 만들어야 하는 이중고를 안고 출범하였다. 이에 운영위원회에서는 국정기획위 초기 단계부터 핵심업무별·주제별로 TFT를 구성하고, 각 TFT를 핵심업무 추진의 컨트롤타워로 삼아 제한된 시간 내에 국가비전 수립, 국정과제 선정, 인사검증 기준 등의 계획을 마련하고 이행 방안을 수립하기로 하였다.

〈표 25〉 핵심업무 5개 TFT 역할

핵심업무 TFT	구 성	역 할
국가비전· 프레임 TFT	김호기 기획분과 자문위원을 팀장으로 하여, 팀원(9인), 자문위원, 전문위원 등 총 14인	• 문재인 정부의 국가비전안 도출 및 수립, 국정목표안 수립 등 • 과거 사례 연구, 더불어민주당의 19대 공약 연구, 국정기획위의 100대 국정과제 연구 등과 함께 내외부의 다양한 전문가들과 의견을 교환하면서 국가비전, 5대 국정목표, 20대 국정전략을 완성

국정운영 5개년 계획 수립 TFT	김경수 기획분과 자문위원(팀장)을 중심으로, 팀원, 자문위원 등 12인	• 인수위 없이 출범한 문재인 정부의 특성을 감안, 국정과제의 선정에서 멈추지 않고 국정과제의 이행계획 및 이행을 위한 후속 체제까지 제안
국정과제 재정계획 수립 TFT	윤호중 기획분과위원장(팀장) 외 총 13인	• 세입부문과 세출부문으로 구분하여 새 정부의 국정과제 이행을 위한 재정 분야 전반에 대해 세밀하게 분석하여 재정계획을 수립
인사검증 기준 개선 및 청문제도 개선 TFT	홍익표 기획분과 자문위원(팀장) 외 총 4인	• 새 정부 국무총리, 신임장관의 국회 인사청문회를 대비하여, 인사검증 기준과 청문제도의 개선문제들을 검토하고 새로운 기준과 방안을 마련
지역공약 검토 TFT	이태수 기획분과 자문위원(팀장) 외 9명	• '지역공약은 주민과의 약속'이라는 원칙을 가지고 지역공약을 충실히 이행하기 위한 방안을 다각도로 모색

제2장 100대 국정과제 수립과 이행

Ⅰ. 국정과제 주요 내용과 특징

1. 대선공약과 100대 국정과제 수립·확정

문재인 정부는 '국민의 나라 정의로운 대한민국'을 국가 비전으로 선언하고, '국민이 주인인 정부', '더불어 잘사는 경제', '내 삶을 책임지는 국가', '고르게 발전하는 지역', '평화와 번영의 한반도'를 국정목표로 제시했다. 국정과제는 이와 같은 국정비전 및 국정목표의 바탕 아래 문재인 정부가 임기 동안 달성해내야 할 과업이자 국민과의 약속이라고 할 수 있다. 국정과제는 문재인 정부 국정운영의 최상위 계획으로서 향후 문재인 정부의 세부 정책 수립, 정책집행, 정책평가 및 환류 등에 있어 국정운영의 지침으로 작용하였다.

국정과제는 2017년 7월 19일 국정기획자문위원회가 발표한 '문재인 정부 국정운영 5개년 계획'에 포함되어 있는 '5대 국정목표 20대 국정전략 100대 국정과제(안)'을 근간으로 한다. 100대 국정과제(안)은 문재인 정부가 추진해야 할 국정운영의 나침반으로서, 대통령의 철학을 바탕으로 대선 과정에서 국민들께 약속한 공약에 기초하고 있다. 100대 국정과제(안) 중 83개는 문재인 대통령이 후보시절 약속한 '4대 비전 12대 약속 201개 공약'을 토대로 재구성하였으며, 나머지 17개

과제는 국민인수위원회 '광화문 1번가'를 통해 접수된 국민제안 사항, 시급한 민생과제, 기타 국정 현안 중 정부가 역점을 두고 추진할 사항 등을 종합적으로 검토하여 반영한 것이다.

100대 국정과제(안)은 국정비전과 목표를 효과적으로 달성할 수 있도록 5대 국정목표 아래 20개의 국정전략을 설정하고, 전략과 과제를 유기적으로 연계하였다. 추상적인 개념과 목표, 중범위의 국정과제만을 제시했던 이전 정부와 달리 과제별로 연도별 달성목표, 입법계획, 추진주체 등을 명시하여 구체성과 실행성을 강화한 것이 특징이다. 또한 국정과제의 체계적인 이행과 성과창출을 위해 정부 5년을 3단계(혁신기-도약기-안정기)로 구분하여 이행목표 및 계획을 설정하고, 단계별 중점 추진방안을 마련하였다.

2017년 7월 19일 국정기획자문위원회가 100대 국정과제(안)을 발표한 이후, 이를 토대로 국정과제를 보다 정교하게 다듬는 작업이 진행되었다. 대통령비서실, 국무조정실을 중심으로 전 부처가 협업하여 정부 차원에서 조정이 필요한 사항을 면밀히 검토하였으며, 이 과정에서 대통령 광복절 경축사를 통해 제시된 새로운 과제도 추가로 국정과제에 반영하였다.

국정과제(안) 검토 과정에서 고려한 사항은 다음과 같다. 우선, '문재인 정부 국정운영 5개년 계획'에서 제시된 100대 국정과제-487개 실천과제의 체계를 유지하되, 반드시 수정이 필요한 경우에 한하여 수정하는 것을 원칙으로 하였다. 과제 내용은 이행가능성과 과제간 정합성에 초점을 두어 검토하였으며, 추진 시기, 중복 및 오류사항 등을 중점적으로 점검·보완하였다. 관계부처 협의가 완료되지 않았거나 예산확보가 수반되는 새로운 내용의 신설은 가급적 지양하였다.

이미 국정기획자문위원회의 100대 국정과제(안) 검토 과정에서 소관부처가 함께 논의에 참여하여 작업하였기 때문에 과제별로 큰 변동사항은 없었으나, 일부 국정과제를 대상으로 세부 내용을 조정·보완하게 되었다. 통상적으로 법령 개정에 소요되는 시간, 예산 확보 현황 등 정책 여건을 고려하여 추진기한과 내용을 현실성 있게 조정하였으며, 다소 불명확한 용어는 대외적으로 널리 통용되고 의미가 명확한 용어로 대체하였다. 국정과제 추진에 있어 타 부처의 협조가 필요한 경우 해당 부처를 협조부처로 추가하였고, 소관 조정이 필요한 경우에는 이를 반영하였다. 이와 함께 2017년 8월 15일 대통령 광복절 경축사 내용 중 기존 100대 국정과제(안)에 포함되어 있지 않은 '강제이주·강제동원 동포 지원 및 조사' 관련 내용은 10번 국정과제 '해외 체류 국민 보호 강화 및 재외동포 지원 확대'를 보완하여 반영하였다.

　　조정·보완 작업을 거친 100대 국정과제는 국정과제 관리·점검·평가 관련 실무 추진방안을 담은 '100대 국정과제 추진 및 관리계획'과 함께 2017년 8월 21일 문재인 대통령 주재로 개최된 국무회의에서 최종 확정되었다.

<표 26> 문재인 후보 공약: 4대 비전 12대 약속

나라를 나라답게 4대 비전 12대 약속				
촛불 혁명의 완성으로 국민이 주인인 대한민국	더불어 성장으로 함께하는 대한민국 (일자리·성장)	더불어 성장으로 함께하는 대한민국 (민생·복지·교육)	평화로운 한반도 안전한 대한민국	지속가능한 사회 활기찬 대한민국
1. 부정부패 없는 대한민국 • 적폐청산 • 권력기관 개혁 • 정치·선거 제도 개혁	4. 일자리가 마련된 대한민국 • 일자리 창출 • 비정규직 감축 및 처우 개선 • 노동존중 사회 실현	7. 출산·노후 걱정 없는 대한민국 • 저출산·고령화 대책	9. 강하고 평화로운 대한민국 • 책임 국방 • 국익우선 협력 외교 • 평화통일	11. 지속가능하고 성평등한 대한민국 • 성평등한 대한민국 • 지속가능한 대한민국
2. 공정한 대한민국 • 경제민주화	5. 성장동력이 넘치는 대한민국 • 미래성장 동력 확충 • 제조업 부흥과 주력 산업 경쟁력 강화 • 중소·중견 기업 육성 • 과학기술 (R&D) 진흥	8. 민생·복지· 교육 강국 대한민국 • 빈곤탈출, 의료비 경감 • 주거 문제 해소 • 사회적 차별 해소 및 약자 지원 • 생활비 절감 • 국민 휴식권 보장 • 교육의 국가 책임 강화	10. 안전한 대한민국 • 자연·사회적 재해·재난 예방 • 생활안전 강화	12. 문화가 숨쉬는 대한민국 • 문화·예술·체육 • 언론
3. 민주·인권 강국 대한민국 • 민주·인권 회복	6. 전국이 골고루 잘사는 대한민국 • 지방분권 강화 및 균형 발전 • 살기 좋은 농산어촌			

〈표 27〉 국정과제 체계도: 국가비전-5대 국정목표-20대 국정전략-100대 국정과제

국가비전	국민의 나라 정의로운 대한민국				
5대 국정목표	국민이 주인인 정부	더불어 잘사는 경제	내 삶을 책임지는 국가	고르게 발전하는 지역	평화와 번영의 한반도
20대 국정전략	1. 국민주권의 촛불 민주주의 실현	1. 소득주도 성장을 위한 일자리경제	1. 모두가 누리는 포용적 복지국가	1. 풀뿌리 민주주의를 실현하는 자치분권	1. 강한 안보와 책임국방
	2. 소통으로 통합하는 광화문 대통령	2. 활력이 넘치는 공정경제	2. 국가가 책임지는 보육과 교육	2. 골고루 잘사는 균형발전	2. 남북간 화해협력과 한반도 비핵화
	3. 투명하고 유능한 정부	3. 서민과 중산층을 위한 민생경제	3. 국민안전과 생명을 지키는 안심사회	3. 사람이 돌아오는 농산어촌	3. 국제협력을 주도하는 당당한 외교
	4. 권력기관의 민주적 개혁	4. 과학기술 발전이 선도하는 4차 산업 혁명	4. 노동존중·성평등을 포함한 차별없는 공정사회		
		5. 중소벤처가 주도하는 창업과 혁신성장	5. 자유와 창의가 넘치는 문화국가		
100대 국정과제 (528개 실천과제)	15개 과제 (74개 실천과제)	26개 과제 (151개 실천과제)	32개 과제 (170개 실천과제)	11개 과제 (57개 실천과제)	16개 과제 (76개 실천과제)

※ 2017년 8월 100대 국정과제 확정 당시에는 실천과제가 487개였으나, 이후 수차례의 조정·보완을 거치면서 실천과제의 수가 528개로 늘어났다.

〈표 28〉 문재인 정부 100대 국정과제 목록

국정과제(주관부처)	
	■ 전략 1: 국민주권의 촛불민주주의 실현
1	적폐의 철저하고 완전한 청산 (법무부)
2	반부패 개혁으로 청렴한국 실현 (권익위·법무부)
3	국민 눈높이에 맞는 과거사 문제 해결 (행안부)
4	표현의 자유와 언론의 독립성 신장 (방통위)
	■ 전략 2: 소통으로 통합하는 광화문 대통령
5	365일 국민과 소통하는 광화문 대통령 (행안부)
6	국민 인권을 우선하는 민주주의 회복과 강화 (법무부·행안부·인권위)
7	국민주권적 개헌 및 국민참여 정치개혁 (국조실)
	■ 전략 3: 투명하고 유능한 정부
8	열린 혁신 정부, 서비스하는 행정 (행안부)
9	적재적소, 공정한 인사로 신뢰받는 공직사회 구현 (인사처)
10	해외 체류 국민 보호 강화 및 재외동포 지원 확대 (외교부)
11	국가를 위한 헌신을 잊지 않고 보답하는 나라 (보훈처)
12	사회적 가치 실현을 선도하는 공공기관 (기재부)
	■ 전략 4: 권력기관의 민주적 개혁
13	국민의, 국민을 위한 권력기관 개혁 (법무부·경찰청·감사원·국정원)
14	민생치안 역량 강화 및 사회적 약자 보호 (경찰청)
15	과세형평 제고 및 납세자 친화적 세무행정 구축 (기재부)
	■ 전략 1: 소득 주도 성장을 위한 일자리경제
16	국민의 눈높이에 맞는 좋은 일자리 창출 (고용부)
17	사회서비스 공공인프라 구축과 일자리 확충 (복지부)
18	성별·연령별 맞춤형 일자리 지원 강화 (고용부)
19	실직과 은퇴에 대비하는 일자리 안전망 강화 (고용부)
20	좋은 일자리 창출을 위한 서비스 산업 혁신 (기재부)
21	소득 주도 성장을 위한 가계부채 위험 해소 (금융위)
22	금융산업 구조 선진화 (금융위)
	■ 전략 2: 활력이 넘치는 공정경제
23	공정한 시장질서 확립 (공정위)
24	재벌 총수 일가 전횡 방지 및 소유·지배구조 개선 (공정위)
25	공정거래 감시 역량 및 소비자 피해 구제 강화 (공정위)
26	사회적경제 활성화 (기재부)

(좌측 세로) 국민이 주인인 정부 / 더불어 잘사는 경제

	27	더불어 발전하는 대·중소기업 상생 협력 (중기부)
		■ 전략 3: 서민과 중산층을 위한 민생경제
	28	소상공인·자영업자 역량 강화 (중기부)
	29	서민 재산형성 및 금융지원 강화 (금융위)
	30	민생과 혁신을 위한 규제 재설계 (국조실)
더	31	교통·통신비 절감으로 국민 생활비 경감 (국토부·과기정통부)
불	32	국가기간교통망 공공성 강화 및 국토교통산업 경쟁력 강화 (국토부)
어		■ 전략 4: 과학기술 발전이 선도하는 4차 산업혁명
잘	33	소프트웨어 강국, ICT 르네상스로 4차 산업혁명 선도 기반 구축 (과기정통부)
사	34	고부가가치 창출 미래형 신산업 발굴·육성 (산업부·과기정통부·국토부·복지부·기재부)
는	35	자율과 책임의 과학기술 혁신 생태계 조성 (과기정통부)
경	36	청년과학자와 기초연구 지원으로 과학기술 미래역량 확충 (과기정통부)
제	37	친환경 미래 에너지 발굴·육성 (산업부)
	38	주력산업 경쟁력 제고로 산업경제의 활력 회복 (산업부)
		■ 전략 5: 중소벤처가 주도하는 창업과 혁신성장
	39	혁신을 응원하는 창업국가 조성 (중기부)
	40	중소기업의 튼튼한 성장 환경 구축 (중기부)
	41	대·중소기업 임금 격차 축소 등을 통한 중소기업 인력난 해소 (중기부)
		■ 전략 1: 모두가 누리는 포용적 복지국가
	42	국민의 기본생활을 보장하는 맞춤형 사회보장 (복지부)
	43	고령사회 대비, 건강하고 품위 있는 노후생활 보장 (복지부)
내	44	건강보험 보장성 강화 및 예방 중심 건강관리 지원 (복지부)
삶	45	의료공공성 확보 및 환자 중심 의료서비스 제공 (복지부)
을	46	서민이 안심하고 사는 주거 환경 조성 (국토부)
	47	청년과 신혼부부 주거 부담 경감 (국토부)
책		■ 전략 2: 국가가 책임지는 보육과 교육
임	48	미래세대 투자를 통한 저출산 극복 (복지부)
지	49	유아에서 대학까지 교육의 공공성 강화 (교육부)
는	50	교실혁명을 통한 공교육 혁신 (교육부)
국	51	교육의 희망사다리 복원 (교육부)
가	52	고등교육의 질 제고 및 평생·직업교육 혁신 (교육부)
	53	아동·청소년의 안전하고 건강한 성장 지원 (여가부)
	54	미래 교육 환경 조성 및 안전한 학교 구현 (교육부)

		■ 전략 3: 국민안전과 생명을 지키는 안심사회
내 삶 을 책 임 지 는 국 가	55	안전사고 예방 및 재난 안전관리의 국가책임체제 구축 (행안부)
	56	통합적 재난관리체계 구축 및 현장 즉시대응 역량 강화 (행안부)
	57	국민 건강을 지키는 생활안전 강화 (환경부·식약처)
	58	미세먼지 걱정 없는 쾌적한 대기환경 조성 (환경부)
	59	지속가능한 국토환경 조성 (환경부)
	60	탈원전 정책으로 안전하고 깨끗한 에너지로 전환 (산업부·원안위)
	61	신기후체제에 대한 견실한 이행체계 구축(환경부)
	62	해양영토 수호와 해양안전 강화 (해수부)
		■ 전략 4: 노동존중·성평등을 포함한 차별없는 공정사회
	63	노동존중 사회 실현 (고용부)
	64	차별 없는 좋은 일터 만들기 (고용부)
	65	다양한 가족의 안정적인 삶 지원 및 사회적 차별 해소 (여가부)
	66	실질적 성평등 사회 실현 (여가부)
		■ 전략 5: 자유와 창의가 넘치는 문화국가
	67	지역과 일상에서 문화를 누리는 생활문화 시대 (문체부)
	68	창작 환경 개선과 복지 강화로 예술인의 창작권 보장 (문체부)
	69	공정한 문화산업 생태계 조성 및 세계 속 한류 확산 (문체부)
	70	미디어의 건강한 발전 (방통위)
	71	휴식 있는 삶을 위한 일·생활의 균형 실현 (고용부)
	72	모든 국민이 스포츠를 즐기는 활기찬 나라 (문체부)
	73	관광복지 확대와 관광산업 활성화 (문체부)
고 르 게 발 전 하 는 지 역		■ 전략 1: 풀뿌리 민주주의를 실현하는 자치분권
	74	획기적인 자치분권 추진과 주민 참여의 실질화 (행안부)
	75	지방재정 자립을 위한 강력한 재정분권 (행안부·기재부)
	76	교육 민주주의 회복 및 교육자치 강화 (교육부)
	77	세종특별시 및 제주특별자치도 분권모델의 완성 (행안부)
		■ 전략 2: 골고루 잘사는 균형발전
	78	전 지역이 고르게 잘사는 국가균형발전 (산업부·국토부·행안부)
	79	도시경쟁력 강화 및 삶의 질 개선을 위한 도시재생뉴딜 추진 (국토부)
	80	해운·조선 상생을 통한 해운강국 건설 (해수부)
		■ 전략 3: 사람이 돌아오는 농산어촌
	81	누구나 살고 싶은 복지 농산어촌 조성 (농식품부)
	82	농어업인 소득안전망의 촘촘한 확충 (농식품부)

	83	지속가능한 농식품 산업 기반 조성 (농식품부)
	84	깨끗한 바다, 풍요로운 어장 (해수부)
		■ 전략 1: 강한 안보와 책임국방
평화와 번영의 한반도	85	북핵 등 비대칭 위협 대응능력 강화 (국방부)
	86	군건한 한미동맹 기반 위에 전작권 조기 전환 (국방부)
	87	국방개혁 및 국방 문민화의 강력한 추진 (국방부)
	88	방산비리 척결과 4차 산업혁명시대에 걸맞은 방위산업 육성 (국방부·방사청)
	89	장병 인권 보장 및 복무 여건의 획기적 개선 (국방부)
		■ 전략 2: 남북 간 화해협력과 한반도 비핵화
	90	한반도 신경제지도 구상 및 경제통일 구현 (통일부)
	91	남북기본협정 체결 및 남북관계 재정립 (통일부)
	92	북한인권 개선과 이산가족 등 인도적 문제 해결 (통일부)
	93	남북교류 활성화를 통한 남북관계 발전 (통일부)
	94	통일 공감대 확산과 통일국민협약 추진 (통일부)
	95	북핵문제의 평화적 해결 및 평화체제 구축 (외교부)
		■ 전략 3: 국제협력을 주도하는 당당한 외교
	96	국민외교 및 공공외교를 통한 국익 증진 (외교부)
	97	주변 4국과의 당당한 협력외교 추진 (외교부)
	98	동북아플러스 책임공동체 형성 (외교부)
	99	국익을 증진하는 경제외교 및 개발협력 강화 (외교부)
	100	보호무역주의 대응 및 전략적 경제협력 강화 (산업부)

2. 국정과제의 주요 내용 및 특징

1) 국정과제 체계와 특징

문재인 정부의 국정과제 체계는 국가비전과 5대 국정목표, 그리고 이를 달성하기 위한 20대 국정전략과 100대 국정과제로 구성되었다. '국민의 나라, 정의로운 대한민국'이라는 국가 비전 아래, 5대 국정목표로 '국민이 주인인 정부', '더불어 잘사는 경제', '내 삶을 책임지는 국가', '고르게 발전하는 지역', '평화와 번영의 한반도'를 제시하여 정치·행정, 경제·산업, 복지·사회·문화, 국가균형발전, 외교·통일·안보 등 국정의 전 분야를 망라하고자 하였다.

국정목표 아래에 20대 국정전략을 두고, 각 전략별로 국정과제를 설정하여 총 100대 국정과제를 선정하였다. 그리고 국정과제를 이행하기 위한 수단이자 세부 과제로 국정과제 아래에 실천과제를, 실천과제 아래에 단위과제를 두었다.

문재인 정부 국정과제의 특징은 다음과 같다. 첫째, 문재인 정부는 대선 공약 외에 국민의 의견과 제안을 적극적으로 받아들여 국정과제를 선정하였다. 대통령직인수위원회 없이 출범한 문재인 정부는 '문재인 정부 국정운영 5개년 계획'을 설계하기 위해 국정기획자문위원회를 운영하였는데, 국정기획자문위원회에 국민인수위원회('광화문 1번가')를 설치하여 총 17만여 건의 국민 제안을 받은 후 국정과제 수립에 반영하였다. 이와 같은 방식은 이전의 정부와는 다른 국정과제 형성과정에서의 가장 큰 특징이라 할 수 있다.

둘째, 출범 초기에 설정한 5대 국정목표-20대 국정전략-100대 국정과제의 체계를 임기 말까지 유지하며, 부처가 정책을 일관성 있게 추진하도록 하였다. 다만, 출범 초기 487개였던 실천과제는 임기 말 기준으로 528개까지 늘어났는데, 이는 코로나19 팬데믹, 한일 무역분쟁 등 각종 대내외 여건과 정책환경의 변화를 반영하여 국정과제를 지속적으로 조정·보완해 나갔기 때문이다.

셋째, 5년의 임기를 혁신기·도약기·안정기의 3단계로 구분하여 단계별 이행계획을 수립함으로써 국정과제의 체계적인 수행을 통한 성과창출을 도모하였다.

1단계는 혁신기(2017~2018)로 과감하게 개혁과제를 이행하고, 정책추진 기반을 구축하는 단계이다. 2단계는 도약기(2019~2020)로 과제별 체감 성과를 본격적으로 창출하는 단계이다. 3단계는 안정기(2021~2022)로 국정과제 성과를 완수하고, 지속가능한 정치·경제·사회 혁신체제를 구축하는 것을 계획하였다. 이와 같은 단계별 이행계획 아래 연차별·분기별 이행계획도 세워 국정과제를 흔들림 없이 추진해 나갔다.

넷째, 국정과제 추진실적을 투명하게 공개하고, 성과를 국민들과 적극적으로 공유하고자 노력하였다. 취임 1주년, 취임 2년 반 등 각종 계기마다 100대 국정과제별 주요 성과와 향후 과제를 정리한 '문재인 정부 100대 국정과제 추진실적' 자료집을 작성·배포하였다. 특히 취임 4주년에는 역대 정부 최초로 국정과제 영문 성과자료집 「The Moon Jae-in Administration's Policy Tasks Performance over the Past Four Years」를 발간, 각국 대사관을 통해 배포하여 국정과제 추진성과를 대내외에 널리 전파하였다. 이 외에도 주요 정책을 생애주기별·정책수요자별로 정리한 소책자와 리플렛을 발간·배포하였고, 2020년 3분기부터는 분기별 국정과제 추진실적을 정부업무평가위원회 홈페이지를 통해 공개하는 등 국민이 국정과제 이행 상황을 용이하게 파악할 수 있도록 하였다.

〈표 29〉 문재인 정부 국정과제 성과자료 발간 사례

자료 유형	발간 시점	자료명
성과자료집	2018년 5월	문재인 정부 1년, 국민께 보고드립니다
	2019년 11월	문재인 정부 2년 반, 이렇게 달라졌습니다. 더 분발하겠습니다

성과자료집	2020년 5월	문재인 정부 3년 100대 국정과제 추진실적
	2021년 5월	문재인 정부 4년 100대 국정과제 추진실적
	2021년 5월	The Moon Jae-in Administration's Policy Tasks Performance over the Past Four Years
소책자·리플렛	2019년 11월	문재인 정부 2년 반, 모든 국민이 다함께 잘사는 나라
	2019년 12월	내 삶을 바꾸는 문재인 정부 사용설명서
	2019년 12월	정책고객별 정책안내서 리플렛 6종(부모/청년/신중년과 어르신/농어촌 주민/근로자/사업자)
	2021년 5월	문재인 정부 정책 사용설명서, 내게 찾아온 확실한 변화

2) 국정목표별 주요 과제 내용

(1) 국민이 주인인 정부

'국민이 주인인 정부'는 국민의 삶 속에서 진정한 국민주권을 실현하고, 투명하고 유능한 정부 체계로의 개편을 지향한다. 국정농단으로 무너진 국정의 운영을 재편하며 권력기관의 민주적 개혁을 추진하고 국민의 인권을 보호함으로써, 국민 위에 군림하는 정부가 아니라 국민이 주인인 국민 모두의 정부를 추구한다.

'국민이 주인인 정부' 목표 아래 4개의 국정전략과 15개의 국정과제가 있다. 국정전략은 첫째 '국민주권의 촛불민주주의 실현', 둘째 '소통으로 통합하는 광화문 대통령', 셋째 '투명하고 유능한 정부', 넷째 '권력기관의 민주적 개혁'이다.

'국민주권의 촛불민주주의 실현' 전략은 '적폐의 철저하고 완전한 청산', '반부패 개혁으로 청렴한국 실현', '국민 눈높이에 맞는 과거사 문제 해결' 등 4개의 국정과제로 구성되었다. 그리고 '소통으로 통합하는 광화문 대통령' 전략은 '국민 인권을 우선하는 민주주의 회복과 강화', '국민참여 정치개혁' 등 3개의 과제가 있으며, '투명하고 유능한 정부' 전략은 '열린 혁신 정부', '적재적소·공정한 인사로 신뢰받는 공직사회 구현', '해외 체류 국민 보호 강화 및 재외동포 지원 확대', '국가를 위한 헌신을 잊지 않고 보답하는 나라' 등 5개의 국정과제가 포함되어 있다. 그리고 '권력기관의 민주적 개혁'은 '권력기관 개혁', '민생치안 역량 강화 및 사회적 약자 보호' 등 3개의 국정과제가 있다.

(2) 더불어 잘사는 경제

두 번째 국정목표인 '더불어 잘사는 경제'는 경제의 중심을 국가와 기업에서 국민 개인과 가계로 바꾸고, 성장의 과실이 국민 모두에게 골고루 돌아가게 하는 포용적 성장을 추구한다. 이와 함께, 4차 산업혁명을 선도하기 위해 과학기술의 발전과 미래 성장산업을 적극적으로 지원하고, 역동적인 벤처 생태계를 만들어 창의적 벤처기업과 혁신적 창업자를 육성하고자 한다.

'더불어 잘사는 경제' 목표 아래 5개의 국정전략 26개의 국정과제가 있다. 국정전략에는 첫째 '소득 주도 성장을 위한 일자리경제', 둘째 '활력이 넘치는 공정경제', 셋째 '서민과 중산층을 위한 민생경제', 넷째 '과학기술 발전이 선도하는 4차 산업혁명', 다섯째 '중소벤처가 주도하는 창업과 혁신성장'이 있다.

'소득 주도 성장을 위한 일자리경제' 전략은 '좋은 일자리 창출', '사회서비스 공공인프라 구축과 일자리 확충', '성별·연령별 맞춤형 일자리 지원 강화' 등 7개의 국정과제로 구성되어 있다. '활력이 넘치는 공정경제' 전략에는 '공정한 시장질서 확립', '공정거래 감시역량 및 소비자 피해 구제 강화', '사회적경제 활성화' 등 5개의 국정과제가 있으며, '서민과 중산층을 위한 민생경제'에는 '소상공인·자영업자 역량 강화', '서민 재산형성 및 금융지원 강화', '민생과 혁신을 위한 규제 재설계', '교통·통신비 절감으로 국민 생활비 경감' 등 5개의 국정과제가 포함되어 있다. 그리고 '과학기술 발전이 선도하는 4차 산업혁명'에는 '소프트웨어 강국, ICT 르네상스로 4차 산업혁명 선도 기반 구축', '고부가가치 창출 미래형 신산업 발굴·육성', '자율과 책임의 과학기술 혁신 생태계 조성', '친환경 미래 에너지 발굴·육성' 등 6개의 국정과제가 있으며, '중소벤처가 주도하는 창업과 혁신성장' 전략에는 '혁신을 응원하는 창업국가 조성', '중소기업의 튼튼한 성장 환경 구축' 등 3개의 국정과제가 있다.

(3) 내 삶을 책임지는 국가

'내 삶을 책임지는 국가' 목표는 주거, 보육, 교육, 의료, 안전, 노동, 환경, 문화 등의 영역에서 정부가 국민 한 명 한 명을 책임지는 나라를 지향하는 것이다. 사회·경제적 양극화를 해소하고, 국민의 기본적 생활과 건강한 삶을 지켜내는 국가의 역할을 강조한다. 또한, 급속도로 진행되는 지식정보사회의 발전에 발 빠르게 대응해 개인의 자유가 보장되고 창의성이 발휘되며 국민 모두의 행복이 실현되는 문화국가를 이뤄나가는 내용도 포함되어 있다.

'내 삶을 책임지는 국가' 목표 아래 5개의 국정전략과 32개의 국정과제가 있다. 국정전략으로는 첫째 '모두가 누리는 포용적 복지국가', 둘째 '국가가 책임지는 보육과 교육', 셋째 '국민안전과 생명을 지키는 안심사회', 넷째 '노동존중·성평등을 포함한 차별 없는 공정사회', 다섯째 '자유와 창의가 넘치는 문화국가'가 있다.

'모두가 누리는 포용적 복지국가' 전략은 '맞춤형 사회보장', '건강하고 품위 있는 노후생활 보장', '건강보험 보장성 강화 및 예방 중심 건강관리 지원', '의료공공성 확보 및 환자 중심 의료서비스 제공', '서민이 안심하고 사는 주거 환경 조성' 등 6개의 국정과제로 구성되어 있다. '국가가 책임지는 보육과 교육' 전략에는 '미래세대 투자를 통한 저출산 극복', '유아에서 대학까지 교육의 공공성 강화', '교실혁명을 통한 공교육 혁신', '교육의 희망사다리 복원', '고등교육의 질 제고 및 평생·직업교육 혁신' 등 7의 국정과제가 있으며, '국민안전과 생명을 지키는 안심사회' 전략에는 '통합적 재난관리체계 구축 및 현장 즉시 대응 역량 강화', '국민 건강을 지키는 생활안전 강화', '미세먼지 걱정 없는 쾌적한 대기환경 조성', '지속가능한 국토환경 조성' 등 8개의 국정과제가 포함되어 있다. 그리고 '노동존중·성평등을 포함한 차별 없는 공정사회' 전략에는 '노동존중 사회 실현', '실질적 성평등 사회 실현' 등 4개의 국정과제가 있으며, '자유와 창의가 넘치는 문화국가' 전략은 '지역과 일상에서 문화를 누리는 생활문화 시대', '예술인의 창작권 보장', '공정한 문화산업 생태계 조성 및 세계 속 한류 확산', '미디어의 건강한 발전' 등 7개의 국정과제가 있다.

(4) 고르게 발전하는 지역

'고르게 발전하는 지역' 목표의 핵심은 자치분권과 균형발전이다. 자치분권을 이루기 위해 중앙정부 권한의 지방 이양과 지방재정 확충을 통해 지방분권을 추진하고, 주민참여 확대를 통해 지역 현장에서의 풀뿌리 민주주의를 지향한다. 균형발전을 이루기 위해 지역이 가진 잠재력을 극대화하여 스스로 성장하는 기반을 마련함으로써 '중앙과 지방' 및 '지방과 지방' 간의 경제적·사회적 격차를 해소해나가고자 하였다.

'고르게 발전하는 지역' 국정목표 아래 3개의 국정전략과 11개의 국정과제가 있다. 국정전략으로는 첫째 '풀뿌리 민주주의를 실현하는 자치분권', 둘째 '골고루 잘사는 균형발전', 셋째 '사람이 돌아오는 농산어촌'이 있다.

'풀뿌리 민주주의를 실현하는 자치분권' 전략은 '획기적인 자치분권 추진과 주민 참여의 실질화', '지방재정 자립을 위한 강력한 재정분권' 등 4개의 국정과제가 구성되었다. 그리고 '골고루 잘사는 균형발전' 전략에는 '전 지역이 고르게 잘사는 국가균형발전', '도시경쟁력 강화 및 삶의 질 개선을 위한 도시재생 뉴딜 추진' 등 3개의 국정과제가 있으며, '사람이 돌아오는 농산어촌' 전략에는 '농어업인 소득안전망의 촘촘한 확충', '지속가능한 농식품 산업 기반 조성', '깨끗한 바다, 풍요로운 어장' 등 4개의 국정과제가 있다.

(5) 평화와 번영의 한반도

'평화와 번영의 한반도' 목표는 급변하는 국제질서 및 안보환경 속에서 국가가 반드시 지켜야 할 중요한 가치이다. 우리 영토를 지키고 국민을 안심시킬 수 있도록 유능하고 강한 안보와 책임국방을 구현하고, 남북 간 교류·협력을 지속적으로 추진하여 남과 북이 함께 번영하는 길을 도모하고자 한다. 이와 함께 국익과 한반도의 평화를 지켜낼 수 있도록 당당하면서도 빈틈없는 국제협력 외교를 지향한다.

'평화와 번영의 한반도' 국정목표 아래 3개의 국정전략과 16개의 국정과제가 있다. 국정전략으로는 첫째 '강한 안보와 책임국방', 둘째 '남북 간 화해협력과 한반도 비핵화', 셋째 '국제협력을 주도하는 당당한 외교'가 있다.

'강한 안보와 책임국방' 전략에는 '북핵 등 비대칭 위협 대응능력 강화', '굳건한 한미동맹 기반 위에 전작권 조기 전환' 등 5개의 국정과제가 있으며, '남북 간 화해협력과 한반도 비핵화' 전략에는 '한반도 신경제지도 구상 및 경제통일 구현', '통일 공감대 확산과 통일국민협약 추진', '북핵문제의 평화적 해결 및 평화체제 구축' 등 6개의 국정과제가 있다. 그리고 '국제협력을 주도하는 당당한 외교' 전략은 '주변 4국과의 당당한 협력외교 추진', '보호무역주의 대응 및 전략적 경제협력 강화' 등 5개의 국정과제가 있다.

Ⅱ. 국정과제 추진체계

1. 국정과제 추진과 관리

1) 국정과제 추진체계

문재인 정부 국정과제의 추진체계는 '청와대-국무조정실-각 부처' 3각축 간의 유기적 협조체제에 기반한 관리라고 할 수 있다. 기본적으로 각 부처가 소관 국정과제를 책임지고 추진하고, 국무조정실이 국정과제 이행상황을 종합적으로 관리하며, 청와대가 최종적인 의사결정을 수행하는 체계이다.

이와 함께, 국정과제의 효율적인 추진과 국가 중장기 발전전략 수립에 관한 대통령의 자문에 응하기 위하여 대통령 소속으로 정책기획위원회를 설치하였다. 위원회는 국정과제의 조정·보완 등 국정과제 추진을 지원하고, 국가 중·장기 발전전략 및 정책방향의 수립, 분야별 국가정책 및 현안과제를 기획함에 있어 자문 역할을 수행하였다. 국민주권, 국민성장, 포용사회, 지속가능, 분권발전, 평화번영 등 6개 분과로 구성된 정책기획위원회는 일자리위원회, 4차산업혁명위원회 등 국정과제 관련 위원회를 총괄하며, 청와대 정책실의 책임 운영 하에 국무조정실과의 유기적 협조체제를 구축하여 국정과제 조정·보완 등 각종 국정과제 관련 업무를 지원하였다.

[그림 8] 국정과제 추진체계

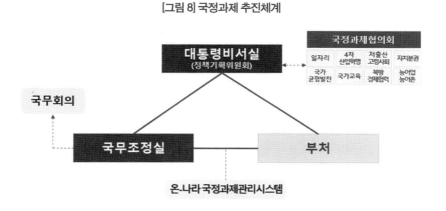

'청와대-국무조정실-각 부처'가 100대 국정과제의 이행상황 전반을 실시간으로 공유할 수 있도록 '온-나라 국정과제 관리시스템'을 구축하였다. 100대 국정과제와 528개 실천과제(2022년 1월 기준)를 다시 1,889개의 단위과제(2022년 1월 기준)로 구체화하여 시스템에는 단위과제 단위까지 세부이행계획을 입력하고, 각 부처별로 매월 국정과제 추진상황을 자체 점검하여 그 결과보고서를 등록하도록 했다. 이를 기초로 청와대, 국무조정실 및 부처 관계자들이 국정과제 추진상황을 실시간으로 공유하고 점검함으로써 국정과제가 차질없이 이행될 수 있도록 하였다. 또한 온-나라 국정과제 관리시스템 내 '댓글쓰기 및 알림' 기능을 통해 대통령·국무총리를 비롯한 전 부처 공무원이 국정과제 추진상황을 공유하고 실시간으로 소통할 수 있도록 하였다.

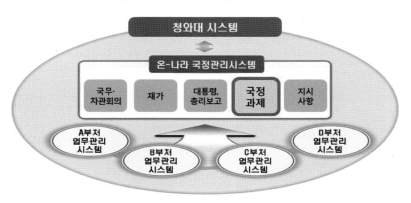

[그림 9] 온-나라 국정과제 관리시스템 구성도

국정과제를 직접 추진하는 각 부처는 소관 국정과제에 대해 과제별로 관리책임자를 지정하고, 연도별 세부이행계획을 수립하여 국정과제를 추진하였다. 100대 국정과제별로 주관부처를 지정하여, 주관부처가 소관 국정과제를 책임지고 추진하도록 하였다. 다만, 다수 부처가 관련된 10개 국정과제는 공동으로 주관하도록 하였고, 단독부처 주관 과제의 경우에도 여러 부처의 협력이 필요한 경우에는 협조부처를 지정하여 원활한 협업이 가능하도록 하였다.

국무조정실은 100대 국정과제 추진상황의 종합적인 관리와 평가를 담당하였다. 온-나라 국정과제 관리시스템을 구축·운영하면서 정기 또는 수시 점검을 통해 국정과제 이행상황을 점검하고, 점검을 통해 발굴한 장애요인에 대해서는 국무총리 주재 국정현안점검조정회의 등을 통해 신속한 해결을 지원하였다. 또한 매년 말 정부업무평가를 통해 각 부처의 국정과제 추진성과를 평가하고, 국민만족도 조사를 실시하였다.

청와대는 국무조정실 및 각 부처로부터 국정과제 추진 관련 상황을 수시로 보고받고, 국정과제 조정·보완, 부처간 이견 조정 등 각종 국정과제 관리사항에 대한 최종적인 의사결정을 수행하였다.

2) 국정과제 점검·관리

문재인 정부는 온-나라 국정과제 관리시스템을 바탕으로 정기 및 수시점검과 연말 정부업무평가를 통해 국정과제 이행상황을 관리해나갔다. 단순히 이행상황의 점검에만 그치지 않고, 점검을 통해 장애요인을 선제적으로 발굴 및 해소하는 데 주력함으로써 국민이 체감할 수 있는 성과를 창출하고자 노력하였다.

체계적인 국정과제 관리를 위해 온-나라 국정과제 관리시스템을 구축하고, 2017년 100대 국정과제 확정과 동시에 개통하였다. 온-나라 국정과제 관리시스템에 실천과제별로 관리카드를 만들어 과제 주요 내용, 연도별 세부이행계획, 추진실적, 점검 결과 등 국정과제 추진과 관련된 모든 이력을 기록·관리하였다. 과제별 이행상황은 국정과제-실천과제-단위과제별로 완료·정상추진·보완필요(지연)의 3단계로 구분하여 표시할 수 있도록 하였다. 각 부처가 매월 소관 과제의 이행상황을 자체적으로 점검하고 점검보고서를 시스템에 등록하면, 국무조정실 점검 담당자가 추진실적과 점검 내용을 확인하였다.

매 분기별로는 국무조정실 주관 하에 종합점검을 실시하였다. 부처가 제출한 자체점검 자료를 토대로 전체적인 추진실적을 점검하고, 점검 결과는 관계부처 장·차관이 참석하는 회의체를 통해 각 부처에 전파하여 국정과제의 차질 없는 이행을 독려하였다. 2018년도까지는 국무조정실장이 주재하는 국정과제 점검회의를 통해 점검 결과를 논의하였으나, 2019년도부터는 국정과제의 성과 창출을 적극적으로 독려하기 위해 대통령 또는 국무총리가 주재하는 국무회의에서 점검 결과를 논의하였다.

〈표 30〉 국정과제 점검회의* 개최 내역

개최일	안건	참석
2017. 11. 2	2017년 3분기 국정과제 추진상황 점검 결과	관계부처 차관 등
2018. 8. 9	2018년 상반기 국정과제 추진상황 점검 결과	관계부처 차관 등

* 국무조정실장 주재

〈표 31〉 국정과제 관리 관련 국무회의 개최 내역

개최일	안건	참석
2017. 8. 21	100대 국정과제 추진 및 관리계획	관계부처 장관 등
2019. 4. 16	금년도 중점추진과제 1분기 점검 결과	관계부처 장관 등
2019. 7. 9	중점추진과제 이행상황 상반기 점검 결과	관계부처 장관 등
2019. 10. 15	국정과제(중점추진과제) 추진상황 3/4분기 점검 결과	관계부처 장관 등
2020. 9. 15	100대 국정과제 조정·보완 결과	관계부처 장관 등
2020. 10. 21	2020.3분기 국정과제(후반기 핵심과제) 추진상황 점검 결과	관계부처 장관 등
2021. 4. 20	2021.1분기 국정과제(후반기 핵심과제) 추진상황 점검 결과	관계부처 장관 등
2021. 7. 20	2021.2분기 국정과제(후반기 핵심과제) 추진상황 점검 결과	관계부처 장관 등

분기별 점검 결과 나타난 지연과제에 대해서는 지연해소계획을 제출하도록 하고, 지연상황이 해소될 때까지 지속적으로 추진상황을 관리하였다. 점검 결과 나타난 문제점이나 부처간 이견 사항 등은 국무총리 주재 국정현안점검조정회의 등을 통해 신속한 장애요인 해소를 도모하였다. 이와 함께 2020년 3분기부터는 분기별 국정과제 추진실적을 정부업무평가위원회 홈페이지에 공개하여 국정과제 이행실적을 국민에게 투명하게 알리고 있다.

　　서면으로 실시하는 월별·분기별 점검 외에도 수시 현장점검을 실시하여 현장의 정책 체감도와 애로사항을 직접 확인하였다. 국정과제 중 체감 성과가 다소 미흡하거나 국민적 관심사가 높은 과제 등을 대상으로 실시하였으며, 결과는 분기별 종합점검 결과와 함께 국무회의 등을 통해 각 부처에 환류하였다. 현장점검은 2018년도부터 연중 1~3회 정도 실시해 왔으나, 2020년도에는 코로나19 상황으로 인해 잠시 추진을 중단하였고, 2021년도에 재개하였다.

　　매년 말에는 100대 국정과제 전체를 대상으로 과제 이행 노력 및 추진성과를 평가하여 정부업무평가 결과에 반영하였다. 국정과제 내용의 실질적인 이행 정도와 사전에 설정한 성과목표의 달성 여부 등을 중점적으로 평가하였으며, 객관적인 평가를 담보하기 위해 민간 전문가로 구성된 평가단을 운영하고, 일반 국민을 대상으로 매년 국정과제에 대한 정책만족도를 조사하여 결과에 반영하였다. 평가결과에 따른 기관별 평가등급은 대외에 공개하였으며, 특히, 2019년도부터는 연도별 평가결과 보고서와 함께 국정과제별 평가결과 보고서도 공개함으로써 국민의 알 권리를 더욱 보장하고, 국정과제의 성과 창출도 독려하였다.

〈표 32〉 연도별 국정과제 평가배점 및 항목

2017년	2018년	2019년	2020년	2021년
[50점]	[55점]	[55점]	[65점]	[65점]
정책추진노력 (30%)	정책추진노력 (30%)	정책추진노력 (10%)	이행노력 (30%)	이행노력 (25%)
성과지표달성도 (40%)	성과지표달성도 (40%)	목표달성도 (60%)	정책성과 (60%)	목표달성도 (25%)
정책효과 (30%)	정책효과 (30%)	정책효과 (30%)		정책효과 (35%)
-	-	-	국민만족도 (10%)	국민만족도 (15%)
* 국정과제 국민만족도 (10점)는 별도 항목으로 포함	* 국정과제 국민만족도(5점)는 별도 항목으로 포함		* 국정과제 국민만족도를 국정과제 평가항목 안에 포함	

3) 중점추진과제 및 후반기 핵심과제의 선정·관리

2019년에는 정부 출범 3년차를 맞아, 선택과 집중을 통해 국정운영 성과를 조기에 가시화하고자 해당 연도에 중점적으로 추진할 주요 국정과제들을 '중점추진과제'라는 이름으로 선정하여 관리하였다. 국정과제의 시급성과 중요도를 기준으로 범정부적 역량 결집이 필요한 과제를 선정한 결과, 혁신성장-포용국가-공정·정의-지역·현장-한반도 평화의 5대 분야에 걸쳐 총 20개 과제가 중점추진과제로 선정되었다. 중점추진과제에 대해서는 정책의 현장 정착 여부, 장애요인 등을 확인하여 개선해 나가기 위해 관계부처 합동으로 매 분기마다 현장점검을 실시하고, 과제별 개선·보완 필요사항에 대해 부처에 환류하는 등 가시적인 성과를 창출하고자 다각적으로 노력하였다.

〈표 33〉 2019년도 중점추진과제 목록

5대 분야	20개 중점추진과제
혁신성장 (경제활력)	① 신성장동력·신산업 발굴 및 육성 규제혁신 ② 규제혁신 ③ 전통 주력 산업 혁신 ④ 혁신 인재 육성
포용·국가 (민생안정)	⑤ 고용안전망 강화 ⑥ 사회안전망 개선 ⑦ 아이들에 대한 과감한 투자 ⑧ 안전 관리 강화 ⑨ 소상공인·자영업자 지원 ⑩ 문화 복지 확대 ⑪ 성평등 문화 확산
공정·정의	⑫ 공정한 시장질서 확립 ⑬ 권력기관 개혁의 제도화 ⑭ 생활 적폐 청산 및 과거사문제 해결
지역·현장	⑮ 균형발전·자치분권 기반 구축 ⑯ 지역주민 삶의 질 개선 ⑰ 농어촌 정주 여건 개선
한반도 평화	⑱ 남북교류·협력 활성화 ⑲ 한반도 평화 정착 ⑳ 신남방·신북방정책 추진

2020년 5월에는 임기 후반부에 중점적으로 추진할 '후반기 핵심과제'를 선정하였다. 코로나19로 인해 정책환경이 근본적으로 변화한 가운데, 문재인 정부 후반기 체감 성과 창출을 위한 선택과 집중이 필요한 상황임을 고려한 것이다. 대통령 취임 3주년 특별연설의 주요 내용과 국정과제, 주요 개혁과제를 바탕으로 2년간 중점적으로 추진할 과제들을 9대 분야 33개 핵심과제 213개 단위과제로 구성하였다.

후반기 핵심과제에 대해서도 체감 성과 창출을 위해 집중적인 관리를 추진하였다. 코로나19 상황으로 인해 적극적인 현장점검을 실시하지는 못하였으나, 분기별 종합점검시 후반기 핵심과제 이행상황을 중심으로 점검하였고, 점검보고서에도 큰 비중을 두어 반영하였다.

2021년 2월에는 후반기 핵심과제에 대한 조정·보완을 실시하였다. 2020년까지 추진이 완료된 과제는 삭제하고, 2021년도 대통령 신년사와 국정과제 중 2021년도에 집중적으로 추진할 과제 내용들을 보완하였다. 이와 함께 목표와 내용이 유사한 과제를 통·폐합하는 등 기존 9대 분야 33개 과제 체계를 개편하여 7대 분야 35개 핵심과제로 변경하였다. 이후에는 별도의 조정·보완 없이, 기존 과제의 완성과 성과 창출에 주력하였다.

〈표 34〉 후반기 핵심과제 목록(2022년 1월 현재)

분야	과제명
방역 시스템 보강 (4개)	• 감염병 대응체계 강화 • 코로나 재유행 대비 전략 • 치료제·백신 개발 및 접종 • 방역 성과 종합
경제활력 제고 (5개)	• 민생경제 회복·관광 회복 • 제조업 활력 제고 • 지역경제 부양·포스트 코로나 규제혁신
선도형 경제 (4개)	• 3대 신성장 산업 육성 • 한국 기업 유턴 및 해외 첨단산업 투자유치 • 소부장 경쟁력 강화 • 문화강국 실현을 위한 소프트 파워 강화
한국판 뉴딜 (11개)	• 범정부 위기 관리 및 한국판 뉴딜 관리시스템 가동 • D.N.A 생태계 강화 • 교육 인프라 디지털 전환 • 비대면 산업 육성 • SOC 디지털화 • 도시·공간·생활 인프라 녹색 전환 • 저탄소·분산형 에너지 확산 • 녹색산업 혁신생태계 구축 • 고용안전망 • 사회안전망 • 사람투자
함께 사는 사회 (4개)	• 공정경제 구현 • 자치분권과 균형발전 • 인권 우선의 민주주의 • 청렴한국 실현

연대와 협력 (4개)	• 포스트 코로나 시대 국제협력 주도 • 포스트 코로나 정상외교 추진 • 신남방·신북방 성과화 • 통상협력 확대
한반도 평화 (3개)	• 대북 협력사업 추진 • 남북 생명·평화공동체 구현 • 전작권 전환 및 국방개혁 추진

4) 코로나19 이후 국정과제 관리·평가방식 변화

2020년 발생한 코로나19는 국정과제 관리와 평가 방식에도 많은 변화를 초래하였다. 예상치 못한 비상 상황에 대응하기 위해 전 부처의 총력적인 대응이 필요했던 시기로, 부처가 코로나19 방역과 경제 살리기에 역량을 집중할 수 있도록 국정과제 점검과 평가로 인한 부담을 한시적으로 완화시킬 필요가 있었다.

우선 국정과제 점검 부담을 완화하였다. 각 부처별로 매월 자체점검 결과보고서를 작성·제출하도록 하던 것을 2020년 상반기 동안 한시적으로 면제하였다. 분기별 종합점검 결과는 원래 국무회의에 보고해 왔으나, 2020년 상반기에는 이를 생략하고 온-나라 국정과제관리시스템을 이용한 간소화된 실적 점검으로 대체하였다. 코로나19 상황으로 대면접촉이 제한됨에 따라 국정과제 현장점검도 상황이 개선될 때까지 보류하였다. 보건복지부에 대해서는 코로나19 대응에 전념할 수 있도록 월별 자체점검뿐만 아니라 분기별 종합점검도 유예하였다.

국정과제 평가 방식에 있어서도 많은 변화가 있었다. 2020년도 정부업무평가 시행계획은 2019년 12월 마련·확정되었으나, 코로나19 발생에 따른 정부정책의 중점이 변화함에 따라, 이에 연동하여 정부업무평가계획도 수정이 필요하게 되었다. 수정안은 코로나19 상황을 감안하여, 정부의 코로나19 대응 노력을 중점적으로 평가함으로써 각 부처의 코로나에 대한 적극적인 대응을 유도하였다. 또한, 부처가 코로나 위기 극복과 국정과제 성과 창출에 집중할 수 있도록 평가지표 및 정량평가 비중을 축소하고 평가절차를 간소화하여 부처의 부담을 경감하였다.

2021년도에는 정부 5년차 국정과제의 완수를 위해 국정과제 관리체계를 다시 강화하였다. 각 부처별로 국정과제 자체점검 TF를 구성하도록 하고, 매월 기관장 주재 자체점검 회의를 실시하여 부처 기관장이 책임감을 갖고 소관 국정과제 추진현황을 관리하도록 하였다. 이와 함께 국민들의 국정과제 성과체감도를 제고하고 부처의 성과 달성을 독려하기 위해 국조실 주관으로 국정과제 현장점검을 실시하였다. 정부가 중점 추진하는 분야이면서 국민적 관심도가 높은 과제를 대상으로 현장점검 및 전문가 자문을 실시하였다. 점검을 통해 도출된 주요성과와 보완사항은 국무조정실장 주재 차관급 회의(정책홍보전략회의)를 통해 각 부처와 공유하고, 관계부처와 협의하여 조속한 개선조치가 이루어지도록 하였다. 연말 평가 시에는 국정과제에 대한 실질적 성과 및 국민체감도를 중점으로 평가하였으며, 정부 임기 내 마지막 평가인 점을 감안하여 금년 성과와 함께 그간 추진해온 성과를 종합 고려하여 평가하였다.

2. 국정과제 입법계획 수립 및 점검·관리

1) 2017년

문재인 정부는 '국민의 나라, 정의로운 대한민국'이라는 비전 하에 100대 국정과제를 마련하였다. 이 과정에서 법제처는 100대 국정과제가 체계적으로 추진될 수 있도록 국정과제 이행에 필요한 입법조치를 종합한 중장기 입법계획을 수립(2017.7.20)하였다. 이렇게 수립한 '국정과제 입법계획'에는 489건의 법안과 194건의 하위법령이 포함되었는데, 5대 국정목표별로 국민이 주인인 정부 122건, 더불어 잘사는 경제 187건, 내 삶을 책임지는 국가 268건, 고르게 발전하는 지역 89건, 평화와 번영의 한반도 17건으로 나누어진다.

국정과제 이행 법안은 국회에 제출해야 할 시기에 맞춰서 해당 연도 정부입법계획에 반영하여 체계적이고 효율적인 입법추진을 지원하였다. 「아동수당법」, 「가사근로자의 고용개선 등에 관한 법률」 등 연내 제출해야 하는 정부 법안은 2017년 정부입법 수정계획에 반영(2017. 7.28)하였다.

또한 국정과제 이행 법령안 중 여러 부처가 관련되고 시급한 해결이 필요한 4대 복합·혁신과제를 선정, ① 일자리 경제, ② 4차 산업혁명, ③ 인구절벽 해소, ④ 지역 균형발전의 4대 복합·혁신과제 법령안에 대해서는 전담 법제관을 지정하여 법령을 입안하는 과정부터 법제심사 단계까지 맞춤형 법제 지원을 제공하였다.

아울러 683건의 입법과제 이행상황을 체계적으로 상시 점검·관리하기 위해 '국정과제 입법추진현황 모니터링 시스템'을 구축하였다. 시스템에는 법령안별 정부입법진행상황 및 국회심의상황 등이 실시간으로 공개되고, 각 부처가 부처 간 이견 등 주요 쟁점을 입력하도록 함으로써 법제처, 국무조정실, 각 부처 법무담당관실 등이 국정과제 입법계획 이행상황을 실시간으로 공유하고 점검할 수 있도록 하였다. 이를 통해 입법 장애요인을 조기에 발견하여 해소하고, 각 부처의 적극적인 입법 추진 노력을 독려하여 국정과제 입법이 차질 없이 이행되도록 하였다.

2017년 말 기준으로 국정과제 이행 법안 56건이 국회를 통과하였고 국정과제 이행 하위법령 74건에 대한 정비를 완료하였다.

〈표 35〉 2017년 국정목표별 제정·개정 완료 주요 국정과제 법령

국정목표	주요 법령명(내용)
국민이 주인인 정부	• 국세기본법(국세청에 납세자보호위원회 설치) • 실종아동 등의 보호 및 지원에 관한 법률(실종아동 등의 조속한 발견을 위해 인터넷주소 및 통신사실 확인자료 등 활용)
더불어 잘사는 경제	• 하도급거래 공정화에 관한 법률(보복조치 금지 및 징벌적 손해배상제 확대) • 전기용품 및 생활용품 안전관리법(소상공인 인증부담 완화) • 4차산업혁명위원회의 설치 및 운영에 관한 규정(4차산업혁명위원회 설치·운영)
내 삶을 책임지는 국가	• 장애인복지법(장애등급제 폐지) • 재난적의료비 지원에 관한 법률(소득수준 대비 과도한 의료비 발생 시 지원) • 일제하 일본군위안부 피해자에 대한 보호·지원 및 기념사업 등에 관한 법률(일본군 위안부 피해자 기림의 날 지정) • 국민건강보험법 시행령·의료급여법 시행령(본인부담 상한 인하)
고르게 발전하는 지역	• 한국해양진흥공사법(종합적인 해운산업 지원체계 마련) • 혁신도시 조성 및 발전에 관한 특별법(혁신도시를 지역발전 거점으로 육성)
평화와 번영의 한반도	• 군인의 지위 및 복무에 관한 기본법 시행령(군인의 일·가정 양립 지원)

2) 2018~2019년

2018년과 2019년은 국정과제 입법계획의 이행도를 높여 가시적 입법성과가 창출되는 계기를 마련하기 위해 노력하였다. 이를 위해 각 부처의 자발적인 입법추진 노력을 독려하도록 국정과제 입법계획을 위한 입법 노력과 성과를 정부업무평가 일자리·국정과제 부분에 가점으로 반영하였다. 이에 따라 부처가 계획된 일정 보다 조기에 법안을

국회 제출하거나 하위법령 정비를 완료하도록 하고, 국정과제 이행 법안의 국회 통과와 입법 장애요인 해소를 위해 더욱 적극적으로 대응하도록 유도하였다.

또한 법제처에서 2018년 8월 발표한 '적극행정 법제 가이드라인'에 따라 국정과제 입법계획상 법률 제정·개정 과제인 경우에도 하위법령으로 가능한 부분을 발굴하여 우선 추진하였다. 이를 통해 지방자치단체에 영향을 미치는 법령을 제정·개정하는 경우에는 지방자치분권의 기본이념 및 사무배분의 원칙 등에 적합한지 여부를 행정안전부 장관과 협의하도록 하는 자치분권 사전협의 제도를 「지방자치법 시행령」에 반영해 신속하게 개정(2019.3.12 시행)하였다.

2018년부터 2019년 말 기준으로 국정과제 이행 법안 162건이 국회를 통과하였고 국정과제 이행 하위법령 100건에 대한 정비를 완료하였다.

⟨표 36⟩ 2018·2019년 국정목표별 제정·개정 완료 주요 국정과제 법령

국정목표	주요 법령명(내용)
국민이 주인인 정부	• 고위공직자범죄수사처 설치 및 운영에 관한 법률(독립 수사기구 신설) • 공직선거법(선거연령과 선거운동연령 19세에서 18세로 하향) • 재외국민보호를 위한 영사조력법(재외국민 보호 강화) • 5·18민주화 운동 진상규명을 위한 특별법(5·18민주화 운동의 진실규명)
더불어 잘사는 경제	• 소상공인 생계형 적합업종 지정에 관한 특별법(소상공인 사업영역 보호와 경쟁력 강화) • 금융혁신지원 특별법(혁신적 금융서비스의 시장진입 촉진) • 기업 활력 제고를 위한 특별법(선제적 사업재편 지원) • 소재·부품·장비산업 경쟁력 강화를 위한 특별조치법(소재, 부품, 장비 자립화를 위한 경쟁력 강화 지원
내 삶을 책임지는 국가	• 아동수당법·기초연금법·장애인연금법(생애맞춤형 지원을 통한 기본적 소득 보장) • 미세먼지 저감 및 관리에 관한 특별법(미세먼지 저감·관리) • 산업안전보건법(위험의 외주화 방지 등) • 근로기준법(주 52시간제 도입) • 초·중등교육법 등(고교 무상교육 재정지원)

| 고르게
발전하는
지역 | • 지방세법·부가가치세법(1단계 재정분권)
• 국가균형발전 특별법(국가균형발전 정책지원 체계 개편, 국가혁신융복
  합단지 육성)
• 농업·농촌 공익기능 증진 직접지불제도 운영에 관한 법률(공익형 직불
  제 도입) |
| 평화와
번영의
한반도 | • 군인연금법(군인 재해보상 체계 개선) |

3) 2020년

2020년은 제21대 총선이 있던 해로서 상반기에는 제20대 국회에 제출된 국정과제 이행 법안이 제20대 국회 임기만료로 폐기되지 않도록 법안 처리에 범정부적 입법 역량을 집중할 필요가 있었다. 그 결과 「진실·화해를 위한 과거사정리 기본법」, 「고용보험법」, 「금융소비자보호에 관한 법률」 등 의미 있는 입법성과를 창출할 수 있었다.

그러나 이러한 노력에도 불구하고 제20대 국회 임기만료로 폐기된 법안은 제21대 국회 개원에 맞춰 신속하게 다시 제출함으로써 국정수행의 연속성과 입법추진 동력을 유지할 필요가 있었다. 문재인 대통령께서도 국정성과 창출을 위해 당당하고 책임 있는 정부입법 추진을 주문하였다. 이에 따라, 제20대 국회 입법현황을 종합적으로 분석하여 체계적인 입법전략을 수립한 후 국정과제 이행 법안 220건의 입법방식과 제출시기를 확정하였다.

법제처는 정부법안을 빠른 시일 내 국회에 제출할 수 있도록 법제처 중심으로 정부입법 절차 효율화를 통한 제20대 국회 폐기법안 재추진계획을 수립하였고, 이에 따라 'ILO 3법', 「군사법원법」, 「지방자치법」 등 법안 20건을 7월까지 국회에 제출하였다. 또한, 의원발의 법안은 사전에 법제처의 법리적 쟁점 검토와 부처 의견조회를 거쳐 완성도와 집행 가능성을 높였다.

2020년 말 기준으로 국정과제 이행 법안 84건이 국회를 통과하였고 국정과제 이행 하위법령 6건에 대한 정비를 완료하였다.

〈표 37〉 2020년 국정목표별 제정·개정 완료 주요 국정과제 법령

국정목표	주요 법령명(내용)
국민이 주인인 정부	• 형사소송법·검찰청법(검경수사권 개혁) • 국가경찰과 자치경찰의 조직 및 운영에 관한 법률(자치경찰제 도입) • 진실·화해를 위한 과거사정리 기본법(과거사정리위원회 활동 재개) • 데이터기반행정 활성화에 관한 법률(데이터기반 과학적 행정체계 구축)
더불어 잘사는 경제	• 공정경제 3법(공정한 시장경제 기반 조성) • 데이터 3법(안전한 데이터 활용체계 구축) • 벤처투자 촉진에 관한 법률(벤처투자제도 일원화) • 금융소비자 보호에 관한 법률(금융소비자 보호 정책의 체계적 추진)
내 삶을 책임지는 국가	• 감염병의 예방 및 관리에 관한 법률(감염병 대응체계 강화) • 고용보험법(특수형태근로종사자 고용보험 적용) • ILO 3법(노동기본권의 국제적 수준 향상)
고르게 발전하는 지역	• 지방자치법(주민 중심의 실질적인 자치분권 구현) • 지방일괄이양법(국가기능의 획기적 이양) • 산업집적활성화 및 공장설립에 관한 법률(스마트그린산단 근거 마련)
평화와 번영의 한반도	• 국제개발협력기본법(국제개발협력 추진체계 재정립) • 국방과학기술혁신 촉진법(국방 연구개발의 체계적 지원)

4) 2021년 이후

2021년부터는 국정과제 입법성과의 확산과 개선된 법제도의 성공적인 현장 안착에 중점을 두었다. 이에 따라 법제처와 국무조정실이 협업하여 각 부처별 국정과제 핵심법안 42건에 대해 집중적으로 관리하고 지원하는 체계를 구축하였다. 핵심법안별로 입법 관리카드를 만들어 입법 진행상황과 추진실적을 기록·관리하고 차관회의를 통해 주기적으로 입법현황을 점검하여 입법 장애요인이 발생하면 즉각 부처 간 이견 조정 등 필요한 입법지원을 제공하였다.

그 결과 「군사법원법」, 「예술인의 지위와 권리의 보장에 관한 법률」, 「기초학력보장법」 등 제20대 국회부터 장기간 논의되던 법안이 통과 되는 성과가 있었다. 특히, 관계 부처 간 이견이 오랫동안 해소되지 않은 「기초학력보장법」 등은 법제처 정부입법정책협의회를 통해 소관 부처와 관계 부처의 이견을 지속적으로 조율함으로써 국회를 통과할 수 있었다.

이와 함께 국회를 통과한 법안이 사회 곳곳에 성공적으로 착근될 수 있도록 하위법령 마련에 집중하였다. 「산업집적활성화 및 공장설립에 관한 법률」 등의 하위법령 입안부터 공포까지 입법의 전 과정을 전담 TF가 원스톱으로 입법 지원함으로써 신속하고 완성도 높은 법제를 뒷받침하였다.

2022년 1월 기준으로 국정과제 이행 법안 71건이 국회를 통과하였고 국정과제 이행 하위법령 4건에 대한 정비를 완료하였다.

〈표 38〉 2021년 이후 국정목표별 제정·개정 완료 주요 국정과제 법령

국정목표	주요 법령명(내용)
국민이 주인인 정부	• 공직선거법(피선거권 연령을 25세에서 18세로 하향) • 제주 4·3사건 진상규명 및 희생자 명예회복에 관한 특별법(명예회복 및 피해보상) • 국가인권위원회법(군인권보호관 설치)
더불어 잘사는 경제	• 가사근로자의 고용개선 등에 관한 법률(가사근로자 노동권 보장) • 생활물류서비스산업발전법(생활물류서비스산업 발전 및 종사자·소비자 권익 증진) • 대리점·가맹사업 거래의 공정화에 관한 법률(단체구성권 등 갑을관계 개선) • 지역상권 상생 및 활성화에 관한 법률(쇠퇴 상권 활성화 및 상권내몰림 방지) • 행정기본법(국민 중심의 행정법 체계 혁신)
내 삶을 책임지는 국가	• 기초학력보장법(기초학력 보장 체계 구축) • 예술인의 지위와 권리의 보장에 관한 법률(예술인에 대한 권리침해 방지) • 아동·청소년의 성보호에 관한 법률(온라인그루밍 처벌 근거 마련)

고르게 발전하는 지역	• 지역 산업위기 대응 및 지역경제 회복을 위한 특별법(산업위기대응특별 지역에 대한 체계적 지원) • 중앙지방협력회의 구성 및 운영에 관한 법률(국가·지자체간 협력 강화) • 고향사랑 기부금에 관한 법률(건전한 기부문화를 통한 지역경제 활성화)
평화와 번영의 한반도	• 군사법원법(고등군사법원 폐지, 심판관·관할관 제도 폐지)

3. 국정과제위원회 설치·운영

1) 설치 배경 및 역할

문재인 정부는 정부 출범 이후 100대 국정과제를 선정하여 이행계획을 수립하였다. 국정과제 이행계획을 체계적으로 실행에 옮기기 위해 청와대, 정부부처 간 협력체계 구축 및 의견 조정 등의 역할을 수행할 기관으로서 국정과제위원회를 설치·운영하게 되었다.

특히, 다양한 사회 집단 간 상호작용이 활발해지고, 국민의 다양한 정책적 의견 제안이 활성화되어 있는 정책 환경 속에서 각 부처가 독자적으로 정책을 실행해나가는 데에는 한계가 존재한다고 판단하였다. 따라서, 사회, 경제분야 등 다양한 분야의 국정과제위원회를 설치함으로써 국정과제를 수행해나가는 과정에 지속적으로 각계각층의 의견을 수렴하고 민·관이 협력하여 문제를 해결해나가는 수평적 네트워크 체제를 구축하였다.

국정과제위원회는 국정과제 조정·보완 및 국가 중장기 발전전략 수립, 정책 로드맵과 종합계획 등을 수립하는 한편, 정책 패러다임 전환 및 국민 공감대 형성을 위한 담론 형성을 추진하는 역할을 수행하였다. 또한, 주요 정책 어젠다를 중심으로 위원회 내 또는 위원회 간 TF

를 활성화함으로써 현안과제 발굴 및 연구기능을 강화하였다.

[그림 10] 국정과제위원회 구성

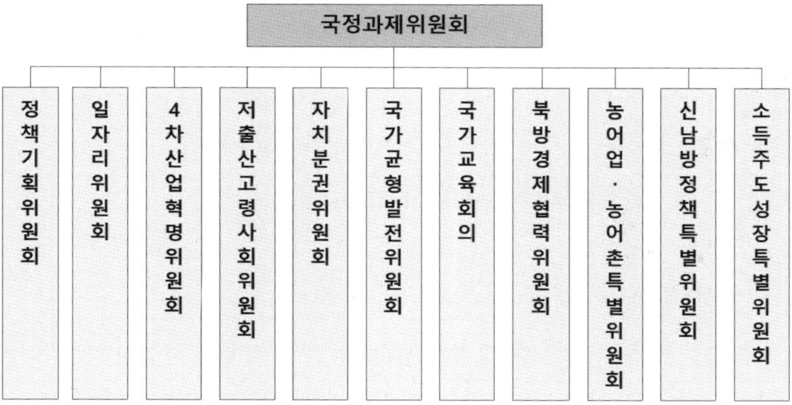

2) 국정과제위원회 운영과 관리체계

국정과제위원회는 이슈화된 사회문제 해결 방안과 사회 변화를 고려한 주요정책 개선방향 등을 논의함으로써 구체적인 정책 설계 과정을 수행하였다. 정책 설계 과정에는 대통령의 구상을 반영하는 청와대 비서관(간사), 각 부처의 장관, 그리고 민간위원 등이 참여하였다. 이러한 과정은 다부처 관련 국정과제를 수행하는 데 필요한 부처 간의 역할을 유기적으로 조정·관리할 수 있고, 위원회를 통해 전문성과 민주성을 확보할 수 있어서 정책 품질을 제고하는 데 기여하였다.

국정과제에 대한 종합적인 관리와 조정 기능을 수행하는 정책기획위원회가 국정과제위원회에 대한 총괄관리 및 조정 기능을 수행하였고, 이러한 기능의 일환으로 '국정과제협의회'를 구성·운영하였다.

국정과제협의회는 의장 1명을 포함하여 국정과제위원회의 위원장 또는 위원장이 지정하는 위원으로 구성하며, 국정과제협의회 의장은 정책기획위원회 위원장이 겸직하였다. 협의회는 월1회 정례적으로 개최하였고, 각 위원회 업무 추진현황 공유 및 국정과제위원회 간 협의·조정이 필요한 사항에 대한 심의와 더불어 국정과제위원회 차원에서 수립한 국가 미래 전략, 현안에 대한 해결 방안 등을 대통령·정부에 건의하고, 주요 정책성과를 담론화하여 국민과 소통하는 역할을 수행하였다.

3) 추진성과

국정과제위원회의 성과는 다음과 같다.

첫째, 국정과제위원회는 국정과제를 중심으로 관련 정책에 대한 검토와 더불어 각 부처 및 민간의 입장과 의견을 수렴하여 원활한 정책 수행을 위한 제언 및 의견 조정 등을 수행하는 심의·조정 기구로서의 역할을 충실히 수행하였다. 이를 통해 대통령이 임기 내에 반드시 추진하고자 하는 중점 과제들이 성공적으로 수행될 수 있었다.

둘째, 국정과제위원회는 정책 수립 및 대안 마련 등의 과정에 사회 각계각층의 다양한 의견을 반영하기 위한 수평적이고 민주적인 의사소통을 진행함으로써 정책의 실효성과 수용성을 강화하였다.

셋째, 국정과제위원회는 주요 정책 어젠다 및 국정성과를 담론화하는 과정을 통해 대통령의 국정운영 리더십을 효과적으로 지원하였다. 핵심적인 사회 이슈에 대해 공동 토론회 등을 개최하여 정책대안과 미래비전에 대해 다각도로 논의하였고, 공동 홍보채널을 운영함으로써 국민에 대한 적극적인 소통을 추진하였다.

위원회명	주요 기능	주요 성과
정책기획위원회	• 국정과제 조정·보완 • 국가 중장기 발전 전략 제시 • 정책·현안 대응방안 마련	• 「혁신적 포용국가 미래비전 2045」 수립(2019.12) • 「문재인 정부 4년 국정비전의 진화와 국정성과」 마련·보고(2021.4), 문재인 정부 국정성과 4부작 시리즈 및 단행본(17권) 발간 등 국정성과 집대성 • 「한국판 뉴딜+ 비전과 전략」 수립(2020.7) 및 「한국판 뉴딜 국정자문단」 출범·운영(2020.12~)
일자리위원회	• 양질의 일자리 창출·유지를 위한 정책 개발·심의·조정·점검(일자리 정책 컨트롤타워)	• 핵심일자리 대책 71개 발표로 일자리 중심의 국정운영 공고화 • 11지역(12건) 상생 협약 체결 및 노후 산업단지 대개조를 통한 지역 주도형 일자리 발굴 확산 지원
4차산업혁명위원회	• 4차 산업혁명 정책 심의·조정 • 규제·제도혁신 해커톤 운영 • 국가 데이터 컨트롤타워	• 데이터3법 개정 관련 이해관계자 합의 • 국가데이터정책 추진방향, 마이데이터 종합 발전정책 수립 등
저출산고령사회위원회	• 인구구조 분석, 사회경제적 변화 등 저출산·고령사회 정책 주요사항 심의	• 아동수당 도입·확대 등 가족지원 투자 확대 • 「저출산·고령사회 정책 로드맵」(2018.12) 및 「제4차 기본계획」 수립(2020.12)
자치분권위원회	• 자치분권 종합계획 수립, 연도별 시행계획 마련 및 이행상황 평가 • 자치분권과제 추진	• '자치분권 6법*' 입법완료 *지방일괄이양법, 지방자치법, 자치경찰법, 고향사랑기부금법, 중앙지방협력회의법, 주민조례발안법 • 1·2단계 재정분권 추진 및 광역단위 자치경찰제 시행
국가균형발전위원회	• 국가균형발전의 효율적 추진을 위한 관련 중요정책에 대한 대통령 자문	• 국가균형발전프로젝트, 지역발전투자협약 추진 • 지역균형뉴딜 가속화, 초광역협력 지원 • 도시재생뉴딜, 생활 SOC 등 생활 여건 개선
국가교육회의	• 교육혁신, 학술진흥, 인적자원 개발 및 인재양성 관련 주요 정책심의·조정	• 국가교육위원회 설치법 제정(2021.7) • 대입제도·교원양성체제개편·2022교육과정개정 등에 사회적 협의를 통해 권고안 발표

북방경제협력 위원회	• 신북방정책의 기본계획 수립 및 각부처 사업 이행 점검 • 신규 협력사업 발굴·이행 지 원(신북방정책 컨트롤타워)	• 교역량 확대(2016 대비 2021 실적 : 106%↑) • 한-러 9개다리 행동계획, 한- 러 혁신센터, 연해주 산단 조성 등 협력플랫폼 구축
농어업·농어촌 특별위원회	• 농어업·농어촌 중장기 정책 방향, 국민 먹거리 보장 및 공 급 정책 제시	• 사람과 환경 중심 농정 방향 제시 • 농협중앙회장 선거제도 개선 및 농지 제도 정상화에 기여
신남방정책 특별위원회	• 신남방정책 추진방향 및 전략 수립 • 중점추진과제 선정·관리 및 부처별 협력사업 발굴·점검· 평가	• 3P*를 실현하기 위한 신남방정 책 세부 중점사업 및 신남방정 책플러스 7개 이니셔티브 사업 발굴·추진 *3P: PEOPLE, PROSPERITY, PEACE
소득주도성장 특별위원회	• 소득주도성장 정책과제 연구 • 소득주도성장 정책점검 • 국민공감대 확산 및 소통강화	• 정책TF 운영, 정책연구용역 및 세미나 추진 • 정책성과보고서 및 이슈브리프 등 발간 • 홈페이지 등에 홍보책자 및 동 영상 제작·게재

Ⅲ. 국정과제 조정 보완

최초 확정된 국정과제는 5년간 그대로 유지하는 것이 아니라 새롭게 제시되는 국민적 요구와 정책환경의 변화를 반영하여 지속적으로 개선·보완해 나간다. 문재인 정부의 국정과제도 대통령 특별연설, 광복절 경축사, 신년기자회견 등을 통해 발표된 주요 어젠다와 정책환경 변화를 반영하여 매년 조정·보완을 해나갔다. 2022년 1월을 기준으로 총 9회 국정과제 조정·보완을 실시했는데, 이는 2017년 8월 100대 국정과제 확정 이후 국정과제의 큰 틀을 유지하면서 과제 신설, 내용 보완 및 변경, 목적과 내용이 유사한 과제의 통폐합 등을 진행한 것이다. 당초 100대 국정과제 487개 실천과제로 최초 확정된 국정과제는 위

와 같은 과정을 거쳐, 2022년 1월 현재 100대 국정과제 528개 실천과
제의 체계를 유지하고 있다.

1. 2018년 조정 보완 내용

2018년 3월부터 부처 연두 업무보고 및 대내외 여건 변화 등을 반
영하여 첫 국정과제 조정 보완 작업에 착수하였다. 국정과제 확정 이
후 1년도 경과하지 않은 시점임을 감안하여 조정 보완 대상과 규모는
가능한 최소화하였다. 100대 국정과제 내용의 축소·후퇴, 또는 단순히
이행을 용이하게 하기 위한 목표 수정은 지양하였고, 수정이 불가피하
거나 사유가 합리적인 경우에만 국한하여 조정 보완을 허용하였다.

각 부처가 제출한 조정·보완 수요에 대해 국조실-정책기획위원회-
청와대가 조정의 필요성을 면밀히 검토하여, 2018년 8월에 최종 방안
을 확정하였다. 그 결과 기존 실천과제 안에 공공기관 채용비리 관행
근절과 관련된 단위과제를 신설하는 등 실천과제의 세부 내용을 22건
변경하였으며, 업무대응체계 개편상황 등을 반영하여 2개 실천과제의
주관부처를 변경하였다.

2018년 9월에는 대통령 광복절 경축사 내용 중 국정과제에 없는
내용을 보완하였다. 기존 실천과제 내 단위과제를 신설하여 동아시아
철도공동체 구성과 용산 생태자연공원 조성 추진 관련 내용을 반영하
였다.

2018년 12월에도 정책 여건 등을 반영하여 일부 과제의 추진일정
또는 세부 내용을 조정하였다. 2018년 동안 총 3회의 국정과제 조정·
보완을 실시하였으나, 100대 국정과제 487개 실천과제의 틀은 계속

유지되었다.

〈표 40〉 2018년 실천과제 주관부처 변경

실천과제	기존	변경
61-② 온실가스 감축 강화	국조실	환경부
88-① 방위사업 비리에 대한 처벌 및 제재 강화	국방부	방위사업청

〈표 41〉 2018년 실천과제 보완 내역(예시)

조정·보완 내용	관련 실천과제
• 공공기관의 구조적인 채용·비리 관행 혁파 관련 내용 추가	2-① 범국가적 부패 방지시스템 구축과 실효성 확보
• '용산 생태자연공원' 조성 추진 관련 내용 추가	59-① 보전과 이용이 조화되는 국토관리
• 동아시아 철도공동체 구성 관련 내용 추가	98-① 동북아 평화 협력 플랫폼 구축

2. 2019년 조정 보완 내용

2019년 3월에는 그간 발표된 주요 정책 및 대내외 여건 변화를 반영하기 위해 조정·보완을 실시하였다. 대통령 주재 회의체 등을 통해 국정과제의 내용 또는 추진계획 등이 구체화된 경우 이를 반영하였고, 국정현안점검조정회의 등을 통해 발표된 대책발표 내용, 그 외 남북관계 개선 상황 등 변화한 정책 여건도 반영하였다.

2018년 12월 발표된 저출산고령사회 로드맵 내용을 반영하여 지역사회 통합 돌봄 도입 관련 실천과제를 신설하였고, 생활SOC사업 범정부 추진체계가 마련됨에 따라 생활SOC 확충 관련 실천과제도 신설하여, 총 2건의 실천과제가 추가되었다. 2019년 1월 발표된 광화문 대통령 추진 관련 브리핑 내용을 반영하여 광화문대통령시대위원회 설치 관련 내용은 삭제하였으며, 경찰대 개혁, 사립유치원 에듀파인 도입 관련 내용을 새롭게 반영하는 등 총 12건의 실천과제 세부 내용을 변경·보완하였다.

2019년 9월에는 광복절 경축사 후속조치 내용을 반영하여, 산업 경쟁력 강화와 관련된 국정과제를 보완하였다. 4개의 실천과제를 신설하여 대·중소기업 상생 협력, 미래 성장동력 발굴·육성, 소재·부품·장비 경쟁력 강화, 핵심 원천기술 자립역량 강화 관련 내용을 반영하였다. 그 외 신남방정책 추진, 남북 교류협력 추진 등 나머지 후속조치 내용들은 기존 실천과제 내용을 보완하여 반영하였다.

2019년 하반기에도 그간의 정책 여건 변화를 반영하기 위해 조정·보완을 실시하였다. 각 부처가 제출한 조정·보완 수요에 대해 국무조정실, 정책기획위원회, 청와대의 검토를 거쳐 2020년 1월 최종 검토결과를 확정하였다. 그 결과 적극행정 활성화, 수소 시범도시 조성, 남북 공동올림픽 개최 관련 실천과제 3개를 신설하였고, 규제 입증책임제 관련 내용을 추가하는 등 기존 실천과제의 세부 내용을 24건 보완·변경하였다.

2019년 총 3회의 국정과제 조정·보완을 거치는 동안 실천과제의 수는 496개로 증가하였으며, 100대 국정과제의 큰 틀은 변함없이 유지되었다.

〈표 42〉 2019년 실천과제 신설 내역

신설 실천과제	관련 국정과제
43-⑥ '지역사회 통합 돌봄' 도입	43. 고령사회 대비, 건강하고 품위 있는 노후생활 보장
78-⑤ 생활 SOC 확충을 통한 지역활력 제고	78. 전 지역이 고르게 잘사는 국가 균형 발전

27-⑤ 대·중소기업의 상생 협력으로 소재·부품·장비 경쟁력 강화	27. 더불어 발전하는 대·중소기업 상생 협력
34-⑦ 선도형 경제 전환을 위한 미래 성장동력 발굴·육성 가속화	34. 고부가가치 창출 미래형 신산업 발굴·육성
35-⑦ 과학자와 기술자의 도전 응원, 실패 존중	35. 자율과 책임의 과학기술 혁신 생태계 조성
38-⑤ 소재·부품·장비 강국 도약을 통한 제조업 르네상스 실현	38. 주력산업 경쟁력 제고로 산업경제의 활력 회복
30-⑤ 적극행정 기반 마련 및 활성화	30. 민생과 혁신을 위한 규제 재설계
37-⑦ 전 국토의 수소생태계 구축 기반 마련을 위한 수소 시범도시 조성	37. 친환경 미래 에너지 발굴·육성
91-⑤ 2032 서울–평양 공동올림픽 개최 추진	91. 남북기본협정 체결 및 남북관계 재정립

〈표 43〉 2019년 실천과제 보완 내역(예시)

조정·보완 내용	관련 실천과제
• 생활적폐 개선대책 추진 관련 내용 추가	2-① 범국가적 부패방지시스템 구축
• 광화문대통령시대위원회 설치 관련 내용 삭제	5-① 대통령 집무실 광화문 청사 이전
• 경찰대 개혁 관련 내용 추가	13-④ 경찰 개혁
• 청년 지원대책 관련 과제 목표 상향	41-① 추가 고용제도 신설 등을 통한 기업·근로자 부담 완화
• 사립유치원 에듀파인 적용 내용 추가	49-① 유아교육 국가책임 확대
• 규제 입증책임제 추진 관련 내용 추가	30-① 민생안정 및 국민생활 불편 해소를 위한 규제 혁신
• 지역거점병원 지정·신설 관련 내용 추가	45-② 지역 간 의료서비스 격차 해소

3. 2020년 조정 보완 내용

2020년은 코로나19 상황으로 인해 국정과제의 내용과 우선순위에 어느 때보다도 많은 변화 요인이 발생한 해였다. 이에 맞춰 대통령 취임 3주년 특별연설 및 광복절 경축사를 통해 제시된 어젠다, 포스트코로나 대책, 한국판뉴딜 종합계획 등 코로나19 상황에 대응하여 수립한 각종 정부 대책들을 국정과제에 충실히 반영하여 정책환경 변화에 탄력적으로 대응하고자 하였다.

임기 중반에 실시하는 대규모의 국정과제 조정·보완 작업임을 감안하여, 다음과 같은 원칙을 바탕으로 일관성 있게 추진하였다. 우선 100대 국정과제의 기본 틀은 유지하면서, 기존 국정과제에 없는 새로운 내용의 경우 실천과제를 신설하여 반영하였다. 일부 내용을 추가하거나 추진방식 또는 일정을 변경하는 경우에는 기존 실천과제 내 단위 과제를 신설하거나 기존 실천과제의 내용을 보완·변경하는 방식으로 반영하였다. 목표와 내용이 유사한 과제들은 단일 과제로 통합하여 하나의 과제로 일관성 있게 추진될 수 있도록 하였다.

검토 결과 신설된 실천과제는 총 30개로, 그 내용은 다음과 같다. 우선, 경제시장 안정을 위한 대응시스템 가동, 소비진작 대책 추진, 감염병 연구 강화, 코로나19 대응을 위한 세제·금융·고용안정 대책 등 코로나19 위기 극복을 위한 내용들을 반영하였다. 이와 함께 그린뉴딜 추진, 수소경제 활성화 기반 조성, 통상·무역질서 대응, 미세먼지 계절관리제 등 포스트코로나 시대에 대비하는 내용의 과제들과 그간 발표된 범정부 대책 관련 내용들도 실천과제를 신설하여 반영하였다.

〈표 44〉 2020년 실천과제 신설 내역

신설 실천과제	관련 국정과제
20-① 경제시장 안정을 위한 대응 시스템 가동	20. 좋은 일자리 창출을 위한 서비스 산업 혁신
20-⑤ 소비진작 대책 마련 및 추진	20. 좋은 일자리 창출을 위한 서비스 산업 혁신
27-⑥ 자발적 상생협력 기업을 통해 상생문화 확산	27. 더불어 발전하는 대·중소기업 상생협력

32-⑨ 교통업계 위기극복 및 재도약 지원	32. 국가기간교통망 공공성 강화 및 국토 교통산업 경쟁력 강화
32-⑩ 수요응답형 교통서비스 강화	32. 국가기간교통망 공공성 강화 및 국토 교통산업 경쟁력 강화
32-⑪ 스마트 물류체계 구축 및 물류산업 육성	32. 국가기간교통망 공공성 강화 및 국토 교통산업 경쟁력 강화
34-⑨ K-방역 국제표준화	34. 고부가가치 창출 미래형 신산업 발굴·육성
39-⑤ 유니콘 탄생 생태계 조성	39. 혁신을 응원하는 창업국가 조성
40-⑥ 위기 중소기업·소상공인의 경영환경 개선	40. 중소기업의 튼튼한 성장 환경 구축
61-④ 자원순환체계 대전환	61. 신기후체제에 대한 건실한 이행체계 구축
75-⑦ 지역 맞춤형 일자리 창출 및 소비진작	75. 지방재정 자립을 위한 강력한 재정분권
78-⑥ 위기에 흔들리지 않는 지역산업 생태계 구축	78. 전 지역이 고르게 잘사는 국가균형발전
90-⑤ 남북 생명공동체·평화공동체 구현	90. 한반도 신경제지도 구상 및 경제통일 구현
15-④ 코로나19 극복을 위한 세제지원 신속 도입	15. 과세형평 제고 및 납세자 친화적 세무행정 구축
19-⑤ 코로나19 대응 고용안정 긴급대책 마련·지원	19. 실직과 은퇴에 대비하는 일자리 안전망 강화
29-⑦ 코로나19 대응 서민·중소기업 금융 지원	29. 서민 재산형성 및 금융지원 강화
38-⑥ 코로나19 산업 위기 극복	38. 주력산업 경쟁력 제고로 산업경제의 활력 회복
45-⑦ 감염병 연구 강화 및 K-방역 글로벌 진출 지원	45. 의료공공성 확보 및 환자 중심 의료서비스 제공
45-⑧ 코로나 재유행 대비 및 방역 성과 종합	45. 의료공공성 확보 및 환자 중심 의료서비스 제공
57-⑩ 야생동물 매개질병 관리 강화	57. 국민 건강을 지키는 생활안전 강화
67-⑦ 비대면 문화향유 환경조성 및 지원	67. 지역과 일상에서 문화를 누리는 생활 문화 시대
87-⑧ 비전통위협 대비 역량 강화	87. 국방개혁 및 국방 문화화의 강력한 추진
99-⑤ 포스트코로나시대 국제협력 주도	99. 국익을 증진하는 경제외교 및 개발협력 강화
100-⑥ 코로나19로 인한 통상·무역질서 대전환에 선제적 대응	100. 보호무역주의 대응 및 전략적 경제협력 강화

32-⑫ 국민안전 SOC 디지털화	32. 국가기간교통망 공공성 강화 및 국토 교통산업 경쟁력 강화
34-⑧ 디지털 트윈 기반 마련	34. 고부가가치 창출 미래형 신산업 발굴·육성
37-⑧ 저탄소 에너지 확대를 위한 그린뉴딜 추진	37. 친환경 미래 에너지 발굴·육성
37-⑨ 수소경제 활성화 기반 조성	37. 친환경 미래 에너지 발굴·육성
54-⑤ 미래사회 대비 원격교육체제 구축	54. 미래 교육 환경 조성 및 안전한 학교 구현
58-① 미세먼지 종합대책 수립 및 계절관리제 추진	58. 미세먼지 걱정 없는 쾌적한 대기환경 조성

　기존 실천과제 중 목표와 내용이 유사한 과제들을 통합하는 등 과제 체계도 정비하였다. 기존에 배출원별로 나누어져 있던 미세먼지 배출 관리 관련 과제들은 '미세먼지 핵심배출원 관리 강화'의 1개 과제로 통합하였다. 온실가스 감축과 국제사회 기후변화 논의 대응에 관련된 과제들도 단일 과제로 통합하였다.

〈표 45〉 2020년 실천과제 통합·정비 내역

기존 실천과제	변경 후
(58-2) 발전·산업부문 배출량 획기적 감축 (58-3) 경유차·비산먼지 등 배출원 관리 강화	(58-2) 미세먼지 핵심배출원 관리 강화
(61-2) 온실가스 감축 강화 (61-4) 범지구적 기후변화 논의에 적극 참여	(61-1) 온실가스 감축 강화 및 국제협력 동참

　국정과제에 반영이 필요한 정책 내용 중 기존 국정과제 내 관련된 실천과제가 이미 있는 경우에는 기존 실천과제를 보완하여 반영하였다. 그 외 정책 여건으로 인해 추진일정·방식 등에 변화가 필요한 경우에는 기존 실천과제 내용을 현실에 맞게 일부 조정하였다. 그 결과 총

151건의 실천과제 세부 내용이 보완·변경되었다.

〈표 46〉 2020년 실천과제 보완 내역(예시)

조정·보완 내용	관련 실천과제
• 백신실증지원센터를 통한 바이오산업 육성 내용 추가	34-③ 제약·바이오·의료기기 산업 육성
• 코로나19 피해 채무자 신용회복 지원 내용 추가	21-③ 적극적인 신용회복 지원
• 새만금 스마트그린산단 조성 관련 내용 추가	78-③ 혁신도시·새만금 등을 4차 산업혁명의 전진기지로 육성
• 해외 독립유공자 유해 봉환 및 후손 생활 지원금 지급기준 개선 관련 내용 추가	11-② 독립유공자 및 독립운동 사적지 발굴·보존 강화
• 국가수사본부 설치 내용 추가	13-④ 경찰개혁(민주·민생·인권 기능 강화)
• 사업장 코로나19 예방 및 확산방지 관련 내용 추가	64-⑤ 산업안전보건체계의 혁신으로 건강하고 안전한 일터 조성
• 최저임금 1만 원 달성 시기 조정	64-④ 최저임금 1만 원 실현과 생활임금제 확산

2020년 5월부터 9월에 걸친 대규모 조정·보완 작업 결과 기존의 100대 국정과제 496개 실천과제에서 100대 국정과제 524개 실천과제로 변화하였다. 조정·보완 결과는 2020년 9월 15일 문재인 대통령이 주재한 국무회의에서 최종 확정되었다.

4. 2021년 이후 조정 보완 내용

2020년 9월 큰 폭의 국정과제 조정·보완 이후, 국정과제 체계는 비교적 큰 변화 없이 유지되었다. 2021년 3월, 대통령 신년사와 신년기자회견, 3.1절 기념사와 부처 연두업무보고 내용 등을 반영하기 위한 8번째 조정·보완을 실시하였다.

조정·보완 결과 실천과제 4개가 신설되었고, 8건의 실천과제 세부 내용이 보완·변경되었다. 2021년 신년사 내용을 반영하여 지역균형 뉴딜 발전전략 수립 관련 실천과제를 신설하였으며, 북악산 시민 개방·혁신조달·부동산 투기 근절 등 국정과제에 반영할 필요가 있는 주요 정책들과 관련된 실천과제들도 추가하였다. 그 외 코로나19 백신 전국민 무료접종, 아동학대 대응체계 선진화, 뉴딜펀드 조성 등 신년사 후속조치 관련 내용들은 기존 실천과제 내 단위과제를 추가하는 방식으로 반영하였다.

〈표 47〉 2021년 실천과제 신설 내역

신설 실천과제	관련 국정과제
78-⑦ 지역균형 뉴딜 추진	78. 전 지역이 고르게 잘사는 국가균형발전
5-⑤ 북악산(명승 백악산) 시민 개방	5. 365일 국민과 소통하는 광화문 대통령
8-⑥ 국민의 삶을 바꾸는 혁신조달	8. 열린 혁신 정부, 서비스하는 행정
46-⑤ 투기근절 및 부동산부패 척결	46. 서민이 안심하고 사는 주거 환경 조성

〈표 48〉 2021년 실천과제 보완 내역(예시)

조정·보완 내용	관련 실천과제
• 코로나19 백신 안전성 확보 및 전국민 무료 접종 관련 내용 추가	45-⑦ 감염병 연구 강화 및 K-방역 글로벌 진출 지원
• 아동학대 대응체계 선진화 관련 내용 추가	48-⑤ 아동학대 근절 및 보호가 필요한 아동지원 강화
• 뉴딜펀드 조성과 제도기반 마련 관련 내용 추가	20-① 경제시장 안정을 위한 대응 시스템 가동
• 한류콘텐츠 디지털화 내용 추가	69-④ 4차 산업혁명 시대 융합콘텐츠 육성
• 코로나 피해·수혜 기업간 상생 지원 관련 내용 추가	27-⑥ 자발적 상생협력 기업을 통해 상생 문화 확산
• 입양제도 개선 관련 내용 추가	48-⑤ 아동학대 근절 및 보호가 필요한 아동 지원 강화

2021년 8월에는 대통령 광복절 경축사 후속조치 과제를 관련 실천 과제에 반영하였다. 지역균형발전을 위한 초광역 협력모델 확산, 동북 아 방역·보건 협력 등 총 4건의 실천과제 내용이 조정·보완되었다.

〈표 49〉 2021년 실천과제 보완 내역(예시)

조정·보완 내용	관련 실천과제
• 초광역 협력모델 성공과 확산 관련 내용 추가	78-⑦ 지역균형뉴딜 추진
• 백신 허브 국가로의 도약 관련 내용 추가	45-⑦ 감염병 연구 강화 및 K-방역 글로벌 진출 지원
• 동북아 방역·보건 협력 확대 및 내실화 추진 관련 내용 추가	98-① 동북아 평화협력 플랫폼 구축

2022년은 임기 마지막 해로, 별도의 조정·보완 작업은 이루어지지 않았다. 조정·보완을 통해 내용을 확장하기보다는 기존의 100대 국정 과제 528개 실천과제를 흔들림 없이 추진하고 과제 완성도를 높이는 데 주력하였다.

IV. 국정과제 이행 실적

1. 2018년

2018년에는 문재인 정부 임기 초반임을 감안하여 개혁과제를 과감 히 이행하고 정책추진의 기반을 구축하는 데 주력하였다. 국정농단 재 발 방지와 부패 예방을 위한 공공·민간분야 반부패 중장기 로드맵을 마련(2018.4)하였고 우월적 지위 남용, 권력유착 및 사익편취 등 생활

적폐 청산을 본격 추진하였다(2018.11). 보훈보상금과 참전명예수당 등을 인상(2018.1)하여 국가 헌신에 대한 예우도 강화하였다.

상복부 초음파와 뇌MRI 등에 건강보험을 적용하는 등 건강보험 보장성 확대를 통해 국민 의료비 부담을 완화하였으며, 전국 모든 지자체에 대한 치매안심센터 확충, 치매 의료·요양비 지원 확대 등을 내용으로 하는 치매국가책임제를 본격적으로 시행하고 만 0~5세 아동이 있는 소득하위 90%가구를 대상으로 월 10만 원의 아동수당을 신규 지급(2018.9)하는 등 포용적 복지를 확대하였다. 또한, 카드수수료 우대 수수료율 적용구간 확대 등(2018.11)을 통해 카드수수료를 인하하고 상가임차인 계약갱신청구권 행사기간을 10년으로 연장(2018.9)하는 등 소상공인·자영업자 부담을 경감하였으며 생계형 적합업종제도를 도입(2018.6)하는 등 민생경제 보호를 위한 국정과제들을 차질 없이 이행하였다.

혁신성장의 기반을 강화하기 위해 일정 기간 기존 규제를 유예 또는 면제하는 규제 샌드박스를 도입하였고, 데이터·AI 등 플랫폼경제 및 자율차·드론 등 선도사업분야 인프라 구축에 약 3조 원을 투자하는 등 신성장동력에 대한 투자도 확대하였다. 평화와 번영의 한반도 분야에서는 평창올림픽(2018.2)을 계기로 남북대화를 재개하고 세 차례 남북정상회담과 사상 최초 북미 정상회담(2018.6)을 성사시키는 등의 큰 성과가 있었다. 2년 10개월만에 이산가족 상봉행사(2018.8)를 재개하여 830여 명의 가족이 상봉하는 등 인도적인 성과도 거두었다.

2018년 9월 말 기준으로 국정과제 이행 상황을 점검한 결과 총 487개 실천과제 중 433개의 과제가 완료 또는 정상추진 중이었으며, 전체의 11.1%인 54개 과제는 당초 계획 대비 지연되고 있었다. 주요 지연 과제로는 공공기관 노동이사제 도입(국회 내 이견), 소방공무원 국가직 전환 지연(인건비 부담 주체 및 재원에 대한 정부 내 이견) 일차의료 만성질환 관리 시범사업 추진(관련단체와의 협의 지연) 등이 있었다.

2. 2019년

2019년도에는 그간 구축한 정책추진 기반을 바탕으로 과제별 체감성과를 본격적으로 창출하고자 하였다. 당초 2021년 인상 예정이던 소득하위 20% 어르신의 기초연금을 2021년 목표보다 조기에 30만 원으로 인상(2019.9)하고 살던 곳에서 방문형 의료·요양·돌봄·주거 등을 함께 제공받는 지역사회 통합돌봄을 도입(2019.4)하는 등 국민의 전 생애에 걸쳐 국가책임을 보다 강화하였다. 장애인 개개인 맞춤형 서비스 제공을 위한 장애등급제 단계적 폐지(2019.7), 생계·의료급여 수급 장애인에 대한 장애인연금 인상(2019.4) 등을 통해 장애인 권익도 증진하였다. 고교 무상교육을 고3부터 단계적으로 시행(2019.8)하고 하복부 초음파 등에 건강보험 적용 범위를 지속적으로 넓히는 등 국민이 체감하는 복지 수준을 향상시키기 위해 노력하였다.

일본의 부당한 수출규제 조치에 대응하여 범정부적 차원의 소재·부품·장비 경쟁력 강화를 위한 '소재부품장비 경쟁력 위원회'를 출범시키고(2019.10) 자립화 기틀 마련을 위한 소재·부품·장비 100대 전략품목 선정 작업에 착수하였으며, 2030년 세계 4대 제조 강국을 목표로 제조업 르네상스 비전 및 전략을 수립(2019.6)하고 세계 최초로 5G를 상용화(2019.4) 등 산업 혁신성장 기반 구축을 위한 과제들도 추진해나 갔다.

광역 교통망 구축 등 23개 국가균형발전 프로젝트 사업의 예타면제(2019.1)와 제4차 국가균형발전 5개년 계획 수립(2019.1)을 통해 지역주도 자립 성장 기반을 마련하였으며, 생활SOC 3개년 계획을 수립(2019.4)하고 8.6조 원을 투입해 문화·돌봄·공공의료시설 등의 생활SOC를 확충하는 등 국가 균형 발전과 주민 삶의 질 향상을 위한 과제들도 착실히 이행하였다.

최초로 남북미 판문점 정상회동(2019.6)을 성사시키고 3차례의 한미 정상회담을 진행하는 등 북핵문제 해결과 남북관계 개선을 위한 노력을 지속하였으며, 아세안 10개국 순방을 조기에 완료(2019.9)하고 아세안 국가와의 교류를 확대하는 등 신남방정책 추진도 가속화하였다.

2019년 9월 말 기준으로 국정과제 이행 상황을 점검한 결과 총 493개 실천과제 중 400개의 과제가 완료 또는 정상추진 중이었으며, 전체의 18.8%인 93개 과제는 당초 계획 대비 지연되고 있는 것으로 나타났다. 주요 지연 과제로는 고향사랑기부금제 도입(국회 논의 지연), 산업용 전기요금 등 에너지 가격체계 개편(기업 경영 여건 감안), 희망퇴직 제도화 등 신중년·정년까지 일자리 보장(노동계-경영계 간 이견) 등이 있었다.

3. 2020년

2020년은 코로나 팬데믹으로 인해 국정과제 추진에 있어 유난히 많은 어려움이 발생한 해였다. 문재인 정부는 국정의 핵심을 코로나 위기 극복에 두고 흔들림 없이 국정과제를 추진해나가고자 범정부적 역량을 결집하였다. 중대본 공동차장제 도입(2020.6), 질병관리청 승격 및 보건차관제 도입(2020.9) 등 방역 거버넌스를 구축하고 개방성, 투명성, 민주성 3대 원칙 아래 드라이브스루 선별검사, 생활치료센터, 전자출입명부, 마스크 5부제 등 창의적 방안을 신속히 도입하는 K-방역을 통해 의료역량을 강화하고 코로나19의 대규모 확산을 방지하였다. 20대 국회의원 선거(2020.4), 대학수학능력시험(2020.12) 등 국가차원의 대규모 행사도 철저한 방역 하에 성공적으로 관리하였다.

또한, 4차례에 걸쳐 추가경정예산을 편성해 고용안정 특별대책(2020.4), 민생경제 종합대책(2020.9) 등을 추진하고 소상공인 새희망자금 지급, 폐업점포 지원 확대와 같은 각종 위기극복 대책을 마련하는 등 코로나로 인한 경제위기를 극복하기 위해 다각적으로 노력하였다. 이와 함께 미래성장동력 확충을 위한 한국판뉴딜 종합계획을 마련(2020.7)하여 포스트코로나 시대에 선도국가로 도약하기 위한 발판을 마련하였다. 공정경제 3법(상법·공정거래법·금융복합기업집단법) 제·개정을 완료하는 등 공정경제 구현을 위한 과제도 차질없이 이행하였다.

한편, 2020년도에는 고위공직자수사처 도입(2020.8), 검·경 수사권조정(2020.10), 자치경찰제 도입(2020.12) 등 그간 추진해왔던 권력기관개혁과제들을 완수하는 성과가 있었다. 또한 30년만에 지방자치법을 전면 개정(2020.12)하고 지방소비세율 10%p 인상 등 1단계 재정분권을 완료하여 자치분권 분야에서도 큰 진전이 있었으며, 데이터 3법(개인정보보호법·정보통신망법·신용정보법) 개정을 완료하고 개인정보보호위원회를 출범(2020.8)시키는 등 개인정보 보호 기반도 구축하였다. 외교분야에서도 세계 최대 FTA인 역내포괄적경제동반자협정(RCEP)에 최종 서명(2020.11)하는 등 외교 저변을 확대하기 위해 노력하였다.

2020년 9월 말 기준으로 국정과제 추진상황을 점검한 결과 총 524개 실천과제의 87.8%인 460개 과제가 완료 또는 당초 일정대로 정상추진 중인 것으로 나타났으며, 64개 과제는 계획 대비 이행이 지연되고 있었다. 주요 지연 과제로는 공수처 출범(국회 논의 지연), 개별관광객 맞춤형 관광상품 개발 등 관광산업 경쟁력 강화(코로나19 유행), DMZ 평화의 길 운영 등 DMZ 관광거점 구축(남북관계) 등이 있었다.

4. 2021년

2021년도에는 국정과제를 완수하고 향후에도 지속 가능한 혁신체제를 구축하기 위해 주요 정책 관련 입법을 조속히 완료하고 개혁과제의 완성도를 높이는 데 주력하였다. 「공직자의 이해충돌 방지법」을 제정(2021.5)하고 부동산 관련 공직자의 재산등록을 강화하는 등 공직사회 부패방지 제도를 개선하였다. 중앙·지방간 소통 및 협력 활성화를 위해 「중앙지방협력의회법」을 제정(2021.7)하고 제1차 지방일괄이양법 시행(2021.1)으로 400개 중앙부처 사무를 지방에 이양하는 등 실질적 자치분권도 추진하였다. 또한, 「탄소중립·녹색성장 기본법」을 제정(2021.9)하고 온실가스 감축목표를 2018년 대비 40% 상향(2021.10)하는 등 탄소중립 사회로의 이행 기반도 확충하고자 노력하였다.

계속되는 코로나19 위기 극복을 위해 PCR검사 역량을 일 75만 건까지 확대하고 역학조사관을 확충하는 등 역학조사 및 검역기능을 강화하였으며, 백신 확보와 신속한 접종을 통해 전 국민 2차 접종률을 83%까지 끌어올리는 등 방역상황에 적극적으로 대응하였다. 기초생활보장 생계급여 부양의무자 기준을 폐지(2021.10)하고 특수형태근로자도 고용보험 가입대상에 포함(2021.7)시키는 등 맞춤형 사회보장도 강화하였다. 5인 이상 전 사업장에 주52시간제도를 시행(2021.7)하고 탄력근로제 기간을 3개월에서 6개월로 확대(2021.4)하는 등 휴식 있는 삶과 일·가정 양립도 지원하였다.

코로나19 피해로 인한 손실보상을 세계최초로 법제화(2021.7)하였으며, 16.2조 원 규모의 재난지원금을 지급하는 등 소상공인·자영업자의 위기 극복과 포용적 민생회복에 총력을 기울였다. 수출액이 6천억 달러를 초과해 역대 최고 실적을 달성하였으며 외국인직접투자 역시 역대 최대 규모로 290억 달러를 넘어서는 등 경제의 정상궤도 진입이 본격화되는 성과도 있었다. 평화와 번영의 한반도 분야 과제는 남북관계 경색으로 인해 추진에 어려움이 있었으나, 여건 개선에 대비하면서 남북통신연락선 복원(2021.7) 등 협력의 접점을 찾기 위한 노력을 지속하였다.

2021년도부터는 국정과제 추진현황을 보다 촘촘하게 관리하기 위해 단위과제 단위로 추진현황을 점검·관리하였는데, 2021년 9월 말 기준으로 국정과제 추진현황을 점검한 결과 총 1,889개 단위과제의 93%인 1,757개의 과제가 완료되었거나 정상적으로 이행 중이었으며, 지연과제는 전체의 7%인 132개 과제로 나타났다. 주요 지연과제로는 혁신형 의료기기 기업 인증(구두심사 등 시간 소요), 형사공공변호인 제도 도입(관련 기관 이견), 태양광 재활용센터 개소(코로나19로 인한 납품 지연) 등이 있었다.

5. 2022년 1월(2022.4월 초 분기별 점검 완료 후 보완)

2022년은 문재인 정부 임기 마지막해로 국가비전과 5대 국정목표 실현을 위하여 남은 국정과제들을 차질없이 이행하는 데에 주력하였다. 0~1세 대상으로 30만 원의 영아수당을 새롭게 도입하였고 2025년까지 단계적으로 확대해 육아 부담 경감을 위해 지속적으로 노력할 예정이다.

공공부문에서는 「공공기관 운영에 관한 법률」을 개정(2022.1)하여 공공기관 노동이사제를 도입하였고, 시행령 등 하위규정 마련에 착수한 상태이다. 공무원 비대면 교육시스템인 인재개발 플랫폼을 본격 실시(2021년 12개 부처 시범운영 → 2022년 38개 부처 실시)하는 등 공무원 교육훈련체계도 강화하였다.

제대군인 전직지원금을 중기복무자의 경우 50만 원으로 2배 인상하고 전투사망 군인이나 위험직무 순직 경찰·소방공무원에 대한 보훈 심사를 생략하는 등 국가 헌신에 대한 예우를 더욱 강화하였다.

외교적으로는 방산 단일품목으로는 최대인 4조 원대 규모의 지대공 미사일 천궁-2 수출 계약을 아랍에미리트(UAE)와 체결하는 성과가 있었다.

국정과제 법안은 1월 국회 본회의에서 상기의 「공공기관 운영에 관한 법률」 외에 정당 가입 연령을 낮추는 「정당법」과 토지 관련 위법행위를 한 자는 대토보상 대상에서 제외하는 등의 내용의 「토지보상법」 등 총 3건이 통과되었다.

| 참고문헌 |

관계부처합동, 2017, 『새정부 경제정책방향(2017.7.25.)』, 관계부처합동.

국정기획자문위원회, 2017, 『국정운영 5개년 계획』, 국정기획자문위원회.

김철수, 2009, 『헌법학(상)』, 박영사.

김철수, 2009, 『헌법학(중)』, 박영사.

대통령직속 정책기획위원회, 2020, 『한국판 뉴딜: 비전과 전략』, 대통령직속 정책기획위원회.

대통령직속 정책기획위원회, 2021, 『문재인 정부 국정성과시리즈 제1권: 국민과 함께 극복한 3대 위기』, 대통령직속 정책기획위원회.

대통령직속 정책기획위원회, 2021, 『문재인 정부 국정성과시리즈 제2권: 국정성과로 보는 5대 강국론』, 대통령직속 정책기획위원회.

대한민국 국회, 2017, 『국회보 2017년 1월호』, 대한민국 국회.

대한민국 정부, 2021, 『대한민국 대전환과 도약의 길: 문재인 정부 50대 정책 핵심 보고서』, 대학민국 정부.

민주사회를 위한 변호사모임, 2017, 『박근혜 정권 퇴진 특위 백서』, 민주사회를 위한 변호사모임.

우상호, 2017, 『탄핵, 100일간의 기록』, 더미래연구소.

장하성, 2015, 『왜 분노해야 하는가』, 헤이북스.

조대엽, 2019, "백년의 시민, 노동의 미래: 공화적 협력의 시대를 어떻게 열 것인가?" 『노동연구』 제38집, 고려대학교 노동문제연구소.

중앙선거관리위원회, 2017, 『대통령선거총람. 제19대, 1-2』, 중앙선거관리위원회

퇴진행동기록기념위원회 백서팀, 2018, 『박근혜 정권 퇴진 촛불의 기록』, 퇴진행동기록기념위원회.

퇴진행동기록기념위원회, 2021, 『촛불과 함께 한 모든 날이 행복했습니다 - 박근혜 퇴진 촛불항쟁의 역사』, 동연.

헌법학(상), 박영사, 2009, 3; 헌법학(중), 박영사, 2009, 70 참조.

국정과제협의회 정책기획시리즈 02

촛불시민혁명과 문재인 정부

발행일   2022년 03월 30일

발행인   조대엽

발행처   **대통령직속 정책기획위원회**
              서울특별시 종로구 세종대로 209 정부서울청사 13층
              대통령직속 정책기획위원회 (02-2100-1499)

판매가   18,000원

편집·인쇄   경인문화사 031-955-9300

ISBN   979-11-978306-2-4   93300

본 도서에 게재된 각 논문의 쟁점과 주장은 각 필자의 관점과 견해이며 대통령직속 정책기획위원회의 공식적 견해가 아닙니다.